PRINCIPES
DE
MUSIQUE
ET DU
VIOLON.

MÉTHODE

SIMPLE ET FACILE,

PAR DEMANDES ET PAR RÉPONSES,

POUR APPRENDRE RAPIDEMENT ET SANS CONFUSION

LA MUSIQUE,

SUIVIE des Principes du VIOLON et de l'explication des Termes Italiens les plus usités pour l'indication des mouvemens.

TERMINÉE par des Observations sur la Musique, avec plusieurs Planches.

PAR F. M.

Ancien Professeur de Musique.

A PARIS

Chez MICHELET Imprimeur-Libraire, rue Montmartre N°. 224, entre les rues Mandar et Ticquetonne.

AN 12. — 1803.

PRINCIPES DE MUSIQUE.

DEMANDE. QU'EST-CE que la *Musique* ?

RÉPONSE. C'est l'art de rendre des *idées* par des *sons* ou, l'accord de plusieurs *sons réunis*.

D. Combien y a-t-il de *sons* dans la Musique ?

R. Il y en a *sept*.

D. Comment les nomme-t-on ?

R. *Ut*, *Ré*, *Mi*, *Fa*, *Sol*, *La*, *Si*.

A

D. Combien ces 7 sons (ou notes) font-ils de *Tons* ?

R. *Cinq tons et deux demi-tons majeurs*, lorsqu'on y joint l'*octave* qui est la répétition du premier son.

D. Où se trouvent les *demi-tons?*

R. Du ***Mi*** au ***Fa*** et du ***Si*** à l'***Ut***.

D. Comment nomme-t-on l'***Intervalle*** d'une note à une autre ?

R On le nomme ***Dégré***.

D. Combien y a-t-il de sortes de *Dégrés ?*

R. Il y a *deux* sortes de dégrés, savoir : le dégré *conjoint* et le dégré *disjoint*.

D. Qu'est-ce que le dégré *conjoint?*

R. C'est l'*intervalle* qui se trouve

de la *première* note à la *seconde*, comme *Ut Ré*, ou *Ré Mi*, et c'est le plus petit intervalle.

D. Qu'est-ce que le dégré *disjoint*?

R. C'est l'*intervalle* qui se trouve de la première note à la 3.e à la 4.e à la 5.e, etc. comme *Ut Mi*, *Ut Fa*, *Ut Sol*, *Ut La*, *Ut Si*, cet intervalle excéde celui de seconde.

D. Qu'est-ce que la *Clef*?

R. C'est un *signe* qui sert à désigner les *Notes*.

D. Combien y a-t-il de clefs dans la Musique?

R. Il y en a trois, savoir : la clef d'*Ut*, la clef de *Fa*, la clef de *Sol*.

D. Sur quelles lignes se posent ces trois clefs?

R. La clef de *Sol* se pose sur la *première* ou *seconde* ligne d'en bas,

La clef de *Fa* se pose sur la *troisième* ou *quatrième* ligne d'en bas,

La clef d'*Ut* sur l'*une* des *quatre* premières lignes d'en bas.

Il suit de là que la *note* qui se trouve posée sur la même ligne où est la *clef*, prend le nom de la clef; par exemple, si la clef de *Sol* est posée sur la *seconde* ligne, la *note* posée sur la *seconde* ligne se nommera *Sol*, ainsi des autres.

D. Combien y a-t-il de Mesures *usitées*?

R. Il y en a *trois*, savoir : la *mesure* à 2 *tems*, à 3 *tems* et à 4 *tems*.

D. Comment se marque la mesure à 2 *tems?*

R. Elle se marque par un 2, ou 2 avec 4 dessous, ou par un C barré.

D. Comment se marque la mesure à 3 *tems?*

R. Elle se marque par un 3, ou 3 avec 4 dessous.

D. Comment se marque la mesure à 4 *tems?*

R. Elle se marque par un C.

D. Combien y a-t-il de Mesures *composées?*

R. Il y en a *trois*, savoir : la mesure à douze-huit, à six-huit et à trois-huit.

D. Comment se marquent-elles?

R. La mesure à douze-huit se marque par 12 et 8 *dessous*, la mesure à six-huit par 6 et 8 *dessous*, et la mesure à trois-huit par 3 et 8 *dessous*.

D. Combien y a-t-il de *Figures* de notes?

R. Il y a six *Figures* de notes.

D. Comment les nomme-t-on?

R. Elles se nomment : la *ronde*, la *blanche*, la *noird*, la *croche*, la *double-croche* et la *triple-croche*.

D. Combien la ronde vaut-elle de *blanches?*

R. Elle vaut deux blanches.

D. Combien la ronde vaut-elle de *noirds?*

R. Elle vaut quatre noirds.

D. Combien la ronde vaut-elle de *croches?*

R. Elle vaut huit croches.

D. Combien la ronde vaut-elle de *doubles croches?*

R. Elle vaut seize doubles-croches.

D. Combien la ronde vaut-elle de *triples-croches?*

R. Elle vaut trente-deux triples-croches.

D. Combien la blanche vaut-elle de *noirds?*

R. Elle vaut deux noirds.

D. Combien la blanche vaut-elle de *croches?*

R. Elle vaut quatre croches.

D. Combien la blanche vaut-elle de *doubles-croches*.

R. Elle vaut huit doubles-croches.

D. Combien la blanche vaut-elle de *triples croches?*

R. Elle vaut seize triples-croches.

D. Combien la noird vaut-elle de *croches?*

R. Elle vaut deux croches.

D. Combien la noird vaut-elle de *doubles-croches?*

R. Elle vaut quatre doubles-croches.

D. Combien la noird vaut-elle de *triples-croches?*

R. Elle vaut huit triples-croches.

D. Combien la croche vaut-elle de

doubles-croches?

R. Elle vaut deux doubles croches.

D. Combien la croche vaut-elle de *triples croches?*

R. Elle vaut quatre triples-croches.

D. Combien la double-croche vaut-elle de *triples-croches?*

R. Elle vaut deux triples-croches.

D. Que fait le *Point* après une note quelconque?

R. Le point augmente la note de la moitié de sa valeur.

D. Combien vaut une ronde avec un *point?*

R. La ronde avec un point vaut *trois blanches.*

D. Combien vaut la blanche avec un point?

R. La blanche avec un point vaut *trois noires*.

D. Combien vaut une noird avec un point?

R. La noird avec un point vaut *trois croches*.

D. Combien vaut une croche avec un point?

R. La croche avec un point vaut *trois doubles-croches?*

D. Combien vaut une double-croche avec un point?

R. La double-croche avec un point vaut *trois triples-croches*.

D. Combien y a-t-il de Figures.

qui désignent le *Silence?*

R. Il y en a six, savoir : la *pause* la *demi-pause*, le *soupir*, le *demi-soupir*, le *quart-de-soupir* et le *demi-quart-de-soupir*.

D. Comment se marque la *pause?*

R. La pause se marque en forme d'un petit bâton carré et se place au-dessous de la ligne.

D. Comment se marque la *demi-pause?*

R. La demi-pause se marque en forme d'un petit bâton carré et se place au-dessus de la ligne.

D. Comment se marque le *soupir?*

R. Le soupir se marque comme un 7 fait de droite à gauche.

D. Comment se marque le *demi soupir ?*

R. Le demi-soupir se marque comme un 7.

D. Comment se marque le *quart-de-soupir ?*

R. Le quart-de-soupir se marque comme un 7 à double tête.

D. Comment se marque le *demi-quart-de-soupir ?*

R. Le demi-quart-de-soupir se marque comme un 7 à triple tête.

D. Qu'elle est la *valeur* de chacun de ces signes.

R. La pause... vaut une *ronde.*
La demi-pause...... une *blanche.*
Le soupir......... une *noird.*
Le demi-soupir....... une *croche.*

Le quart-de-soupir.... une *double-croche.*

Le demi quart de soupir....... une *triple croche.*

D. Comment marque-t-on un *repos de quatre mesures?*

R. Par un seul signe qu'on nomme *bâton* de quatre pauses qui part de la seconde ligne du haut et s'arrête à la seconde du bas.

D. Qu'est-ce que le *Dièze?*

R. Le *Dièze* est un signe qui se met après la clef, et qui indique que toutes les notes qui se trouvent posées sur la même ligne doivent être *Diézées.*

D. Comment se marque le *Dièze?*

R. Le dièze se marque par *deux barres* tirées horisontalement et traversées par deux autres petites barres.

D. A quoi sert le *Dièze?*

R. Le dièze sert à *hausser* la note d'un *demi-ton.*

D. Comment se posent les dièzes?

R. Les dièzes se posent de *quinte* en *quinte* en montant.

D. Qu'est-ce que la *Quinte?*

R. La Quinte est l'espace de *cinq* dégrés.

D. Sur quelles notes se posent les dièzes?

R. Le premier dièze se pose sur le *Fa.*
Le second. . . . . sur l'*Ut.*
Le troisième. . . . . . sur le *Sol.*
Le quatrième. . . . . . sur le *Ré.*
Le cinquième. . . . . . sur le *La.*

Le sixième. . . . . sur le *Mi.*

Le septième. . . . . sur le *Si.*

Le huitième. . . . . sur le *Fa.*

Qui est l'*Octave* ; et comme il est la répétition du premier, il se nomme *double-dièze.*

D. Donnez un exemple que les dièzes sont posés de quinte en quinte, en montant, c'est-à-dire, dans l'espace de cinq dégrés?

R. En examinant l'intervalle qu'il y a du premier dièze au second, je trouve cinq dégrés ou une quinte; et pour m'en convaincre, je forme la gamme en montant du *Fa* premier dièze, à l'*Ut* second dièze, et je dis: *Fa*, *Sol*, *La*, *Si Ut*; ou de l'*Ut* second dièze au *Sol* troisième dièze, et je dis : *Ut*, *Ré*, *Mi*, *Fa*, *Sol*; ou du *Sol* troisième dièze, au *Ré* quatrième dièze, et je dis : *Sol, La Si, Ut, Ré;* de même du quatrième au cinquième, etc.

D. Qu'est-ce que le *Bémol*?

R. C'est un signe qui se met après la clef, et qui indique que toutes les notes qui se trouvent posées sur la même ligne doivent être bémolisées.

D. Comment se marque le *Bémol*?

R. Le bémol se marque par un *b.*

D. A quoi sert le bémol?

R. Le bémol sert à *baisser* la note d'un *demi-ton.*

D. Comment se posent les bémols?

R. Les bémols se posent de *quinte* en *quinte* en descendant.

D. Sur quelles notes se posent les bémols?

R. Le Ier. *Bémol* se pose sur le *Si.*

Le second. . . . . sur le *Mi.*

Le troisième. . . . . . sur le *La.*

Le quatrième. . . . . . sur le *Ré.*

Le cinquième. . . . . sur le *Sol.*

Le sixième. . . . . . . sur l'*Ut.*

Le septième. . . . . . sur le *Fa.*

Le huitième. . . . . . sur le *Si.*

Qui est l'*Octave;* et comme il est la répétition du premier bémol, il se nomme *double-bémol.*

D. Donnez un exemple que les bémols sont posés de quinte en quinte en descendant, c'est-à-dire, dans l'espace de cinq dégrés?

R. En examinant l'intervalle qu'il

y a du premier bémol au second, je trouve cinq dégrés ou une quinte; et pour m'en convaincre, je forme la gamme en descendant du *Si* premier bémol, au *Mi* second bémol, et je dis : *Si*, *La*, *Sol*, *Fa*, *Mi*; ou du *La* second bémol, au *Ré* troisième bémol, et je dis : *La*, *Sol*, *Fa*, *Mi*, *Ré*; de même du troisième au qnatrième, etc.

D. Les dièzes ou les bémols ne se mettent-ils jamais qu'après la clef?

R. Ils se mettent aussi devant la note dont on veut changer de ton.

D. Comment se nomme alors le dièze ou le bémol qui, n'étant point immédiatement après la clef, se trouve devant une note?

R. Le dièze ou le bémol se nomme

accidentel; et dans ce cas, le dièze sert également à hausser la note d'un *demi-ton*, et le bémol à l'abaisser d'un *demi-ton*.

D. N'y a-t-il pas de signe pour remettre cette *note* dans son ton *naturel* ?

R. Oni, il y en a un que l'on nomme *Bécarre*.

D. Comment se marque le *Bécarre* ?

R. Le bécarre se marque par un b carré.

D. Où se place-t-il ?

R. Le *Bécarre* se place devant une note du même dégré que celle devant laquelle se trouvait le dièze ou le bémol, et alors il sert à rehausser la note d'un *demi-ton*, si c'est un bémol qui se trouve avant, ou à rabaisser la note d'un *demi-ton*, si c'est un dièze qui est avant.

D. Qu'entend-on par *Ton naturel*?

R. C'est lorsqu'il n'y a ni dièze ni bémol à la clef.

D. Combien y a-t-il de *Modes*?

R. Il y en a *deux*, savoir : le *Mode majeur* et le *Mode mineur*.

D. Quel est le modèle des tons majeurs?

R. C'est le ton d'*Ut* naturel.

D. Quel est le modèle des tons mineurs?

R. C'est le ton de *La* naturel.

D. Où connaît-on lorsqu'un Mode est *majeur*?

R. Quand il y a *deux tons* du premier au troisième dégré, comme *Ut, Ré, Mi.*

D. Où connaît-on lorsque le Mode est *mineur*?

R. Quand il n'y a qu'un *ton* et *demi* du premier au troisième dégré, comme *Si, Ut, Ré.*

D. Que signifie *Mode*?

R. Mode signifie l'*union des trois sons principaux* qui forment entre eux l'*accord le plus parfait*, et qui font la base et la constitution de toute musique.

D. Quels sont les trois sons principaux qui constituent le Mode?

R. Ces trois sons sont la *tonique*

ou premier dégré, la *tierce* ou troisième dégré, la *dominante* ou cinquième dégré.

D. A quoi sert la tierce?

R. C'est par la tierce qu'on connaît quand le Mode est majeur ou mineur.

D. Dans quel ton est-on, quand il n'y a ni dièze ni bémol?

R. C'est en *Ut* majeur, ou en *La* mineur.

D. En quel ton est-on, quand il y a un ou plusieurs dièze à la clef?

R. Quand il y a *un* dièze à la clef, c'est en *Sol* majeur ou en *Mi* mineur;
Quand il y en a *deux*, c'est en *Ré* majeur ou en *Si* mineur;

Quand il y en a *trois*, c'est en *La* majeur ou en *Fa* mineur;

Quand il y en a *quatre*, c'est en *Mi* majeur ou en *Ut* mineur;

Quand il y en a *cinq*, c'est en *Si* majeur ou en *Sol* mineur.

Quand il y en a *six*, c'est en *Fa* majeur ou en *Ré* mineur;

Qnand il y en a *sept*, c'est en *Ut dièze* majeur ou en *La dièze* mineur.

D. Dans quel ton est-on, quand il y a un ou plusieurs bémols à la clef?

R. Quand il y a *un* bémol à la clef, c'est en *Fa* majeur ou en *Ré* mineur;

Quand il y en a *deux*, c'est en *Si* majeur ou en *Sol* mineur;

Quand il y en a *trois*, c'est en *Mi* majeur ou en *Ut* mineur;

Quand il y en a *quatre*, c'est en

La majeur ou en *Fa* mineur;

Quand il *y* en a *cinq*, c'est en *Ré* majeur ou en *Si* mineur;

Quand il y en a *six*, c'est en *Sol bémol* majeur ou en *Mi* mineur;

Quand il y en a *sept*, c'est en *Ut* majeur ou en *La* mineur.

D. Où se pose la *Tonique* dans les Modes majeurs avec des dièzes?

R. La Tonique se pose *un* dégré *au-dessus* du *dernier* dièze posé à la clef.

D. Où se pose la Tonique dans les Modes mineurs avec des Dièzes?

R. La Tonique se pose *un* dégré *au-dessous* du *dernier* Dièze posé à la clef.

D. Dans les Modes majeurs avec des bémols, où se pose la Tonique?

R. La

R. La Tonique se pose *quatre dégrés au-dessous* du *dernier* bémol posé à la clef.

D. Dans les Modes mineurs avec des bémols, où se pose la Tonique?

R. La Tonique se pose *six* dégrés *au-dessous* du *dernier* bémol posé à la clef.

D. Qu'est-ce que la Gamme.

R. La gamme est *un composé* de *huit* notes, qui forment huit dégrés.

Quoique j'aie dit plus haut, en parlant des *sons* ou *notes*, qu'il n'y avait que *sept* dénominations, savoir : *Ut*, *Ré*, *Mi*, *Fa*, *Sol*, *La*, *Si*; en disant ici que la Gamme est un composé de huit notes, je comprends l'*Octave*, qui est la répétition du *premier son*, par conséquent la *même* dénomination, afin de faire entendre que c'est l'intervalle qui se trouve de la septième note à la huitième, c'est-à-dire du *Si* à l'*Ut* répété, qui forme le huitième dégré.

D. Quel est le premier dégré d'un Mode quelconque?

R. C'est toujours la Tonique.

D. Quel est la Tonique ou premier dégré du ton d'*Ut*?

R. C'est l'*Ut*.

D. Quel est le second dégré, le troisième, le quatrième, etc?

R. Le second dégré est le *Ré*, le troisième *Mi*, le quatrième *Fa*, le cinquième *Sol*, le sixième *La*, le septième *Si*, le huitième *Ut*, qui est l'Octave.

D. Est-il nécessaire de nommer l'Octave, huitième dégré?

R. Il est indifférent de nommer l'Octave, huitième dégré, vu que c'est la répétition du premier que l'on appelle tonique.

D. Combien y a-t-il de sortes de *demi-ton*?

R. Il y en a de *deux* sortes: le demi-ton *majeur* et le demi ton *mineur*.

D. Comment connaît-on le demi-ton majeur?

R. C'est lorsque deux notes sont placées l'une sur la ligne et l'autre dans l'intervalle le plus prochain.

D. Comment connaît-on le demi-ton mineur?

R. C'est lorsque deux notes sont sur la même ligne ou le même intervalle, par le moyen du dièze ou du bémol.

D. Comment s'opère le demi-ton majeur?

R. Le demi-ton majeur se fait par l'emploi de deux notes, soit en montant, soit en descendant, par dégré conjoint, comme de *Si* à *Ut*, de *Ré* à *Mi bémol*, de *Fa dièze* à *Sol naturel*, ou de *Si bémol* à *La naturel*.

D. Comment s'opère le demi-ton mineur?

R. Le demi-ton mineur s'opère en faisant passer la même note successivement du *naturel* au *dièze*, ou du *dièze* au *naturel*, du *bémol* au *naturel*, ou du *naturel* au *bémol*.

D. Comment nomme-t-on deux notes sur le *même* dégré, comme *Ut* et *Ut* ?

R. Cela se nomme unisson.

D. Comment nomme-t-on la distance d'*Ut* à *Ré* ?

R. On la nomme *seconde.*

D. Comment nomme-t-on la distance d'*Ut* à *Mi* ?

R. On la nomme *tierce.*

D. Comment nomme-t-on la distance d'*Ut* à *Fa*?

R. On la nomme *quarte.*

D. Comment nomme-t-on la distance d'*Ut* à *Sol* ?

R. On la nomme *quinte.*

D. Comment nomme-t-on la distance d'*Ut* à *La* ?

R. On la nomme *sixte*.

D. Comment nomme-t-on la distance d'*Ut* à *Si* ?

R. On la nomme *septième*.

D. Comment nomme-t-on la distance d'*Ut* à *Ut* ?

R. On la nomme *octave*.

D. Que devient un *unisson* renversé ?

R. Il devient *octave*.

D. Que devient une *seconde* renversée ?

R. Elle devient *septième*.

D. Que devient une *tierce* renversée ?

R. Elle devient *sixte*.

D. Que devient une *quarte* renversée?

R. Elle devient *quinte*.

D. Que devient une *quinte* renversée?

R. Elle devient *quarte*.

D. Que devient une *sixte* renversée?

R. Elle devient *tierce*.

D. Que devient une *septième* renversée?

R. Elle devient *seconde*.

D. Que devient une *octave* renversée?

R. Elle devient *unisson*.

D. De quoi est composée une seconde mineure?

R. Elle est composé d'un demi-ton.

D. De quoi est composée une seconde majeure?

R. Elle est composée d'un ton.

D. De quoi est composée une seconde superflue ?

R. Elle est composée d'un ton et d'un demi-ton.

D. De quoi est composée une tierce diminuée?

R. Elle est composée de deux demi-tons.

D. De quoi est composée un tierce mineure ?

R. Elle est composée d'un ton et d'un demi-ton.

D. De quoi est composée un tierce majeure ?

R. Elle est composée de deux tons.

D. De quoi est composé une quarte diminuée ?

D Elle est composée d'un ton et deux demi-tons.

D. De quoi est composée une quarte juste ?

R. Elle est composée d'un ton et d'un demi-ton.

D. De quoi est composée une quarte superflue ?

R. Elle est composée de trois tons.

D. De quoi est composée une quinte diminuée ?

R. Elle est composée de deux tons et deux demi-tons.

D. De quoi est composée une quinte juste ?

R. Elle est composée de trois tons et un demi-ton.

D. De quoi est composée une quinte superflue ?

R. Elle est composée de trois tons et deux demi-tons.

D. De quoi est composée une sixte mineure ?

R. Elle est composée de trois tons et deux demi-tons majeurs.

D. De quoi est composée une sixte majeure ?

R. Elle est composée de quatre tons et un demi-ton.

D. De quoi est composée une sixte superflue ?

R. Elle est composée de quatre tons et deux demi-tons.

D. De quoi est composée une septième diminuée?

R. Elle est composée de trois tons et trois demi-tons.

D. De quoi est composée une septième mineure?

R. Elle est composée de quatre tons et deux demi-tons.

D. De quoi est composée une septième majeure?

R. Elle est composée de cinq tons et un demi-ton.

D. De quoi est composée l'octave?

R. Elle est composée de cinq tons et deux demi-tons.

D. Dans quel Mode est le ton de *La* naturel, lorsqu'il n'y a ni dièze ni bémol à la clef?

R. Le ton de *La* naturel et dans le Mode mineur.

D. Que faut-il faire pour passer de *La* mineur à son majeur ?

R. Il faut ajouter trois dièzes.

D. Que faut-il faire (règle générale) dans tous les tons mineurs avec des dièzes, pour les rendre majeurs?

R. Il faut ajouter trois dièzes au nombre qui se trouve à la clef.

D. Que faut-il faire dans tous les tons majeurs, pour les rendre mineurs?

R. Il faut retrancher trois dièzes à la clef.

D. Comment retrancher trois dièzes dans le ton de *Ré* majeur, qui n'en a que deux ?

R. Il faut retrancher les deux dièzes qui sont à la clef, et subsituer un bémol à leur place.

D. Comment retrancher trois dièzes de la clef dans le ton de *Sol* majeur, qui n'en a qu'un?

R. Il faut retrancher le dièze qui est à la clef et substituer deux bémols à sa place.

D. Dans quel Mode est le ton d'*Ut* naturel?

R. Le ton d'*Ut* naturel est dans le Mode majeur.

D. Que faut-il faire pour passer du ton d'*Ut* majeur à son mineur?

R. Il faut ajouter trois bémols à la clef.

D. Que faut-il faire (règle générale) dans tous les tons majeurs avec des bémols, pour les rendre mineurs?

R. Il faut toujours ajouter trois bémols au nombre qui se trouve à la clef.

D. Que faut-il faire dans tous les tons mineurs avec des bémols, pour les rendre majeurs?

R. Il faut toujours retrancher trois bémols au nombre qui se trouve à la clef.

D. Comment retrancher de la clef trois bémols dans le ton de *Sol* mineur, qui n'en a que deux?

R. Il faut retrancher les deux bémols qui sont à la clef et substituer un dièze à leur place.

D. Comment retrancher de la clef trois bémols dans le ton de *Ré* mineur qui n'en a qu'un?

R. Il faut retrancher le bémol qui est à la clef et substituer deux dièzes à sa place.

D. Combien y a-t-il de caractères qui puissent être accidentels?

R. Il y en a trois : le dièze, double dièze et le bécarre.

D. Qu'entendez-vous par caractères accidentels?

R. Ce sont des caractères qui ne sont pas à la clef.

D. Dans quels modes ces trois caractères sont-ils accidentels?

R. Ils sont accidentels dans tous les modes mineurs.

D. A quoi sert le dièze accidentel ?

R. A hausser le septième dégré d'un demi-ton.

D. A quoi sert le double dièze accidentel ?

R. A hausser d'un demi-ton le septième dégré qui est déjà diézé à la clef.

D. A quoi sert le bécarre accidentel ?

R. A hausser d'un demi-ton le septième degré, qui est bémolisé à la clef.

D. Pourquoi hausse-t-on toujours le septième dégré dans les modes mineurs ?

R. Pour rendre la note sensible.

D. Dans tous les tons mineurs avec des dièzes, quand le dièze accidentel a-t-il lieu?

R. Le dièze accidentel n'a lieu que lorsqu'il y a depuis *un* jusqu'à *quatre* dièzes à la clef, sitôt qu'il y en a cinq il faut avoir recours au double-dièze pour hausser le septième dégré qui se trouve déjà diézé à la clef.

D. Dans les tons mineurs avec des bémols, combien y a-t-il de tons dont la note sensible puisse-être caractérisée?

R. Dans les tons mineurs avec des bemols il n'y a que deux tons, dont la note sensible puisse être caractérisée au moyen du dièze accidentel. Sitôt qu'il y a trois bémols à la clef, il faut avoir recours au bécarre pour hausser le septième dégré qui est bémolisé à la clef.

D. Qu'est-ce que le port-de-voix?

R. Le port-de-voix est une note de goût et d'agrément, qui est désignée par une note plus petite que les autres; elle ne se nomme point en solfiant, on la fait seulement sentir ou entendre en nommant la note avec laquelle elle est liée.

D. Comment désigne-t on les notes détachées *sec*?

R. Les notes détachées *sec*, sont quelques fois désignées par des petits points ou des petites barre que l'on met au dessus.

D. Comment désigne-t-on les notes coulées, ou liées, ou sincopées?

R. Les notes coulées, ou liées, ou sincopées sont désignées par un trait en forme de demi-cercle que l'on met au dessus des notes.

D. Combien y a-t-il de signes qui servent à séparer les reprises d'un morceau de musique?

R. Il y a quatre signes.

D. Qu'est-ce que le premier signe, et à quoi sert-il?

R. Le premier signe est *deux barres* tirées horisontalement depuis la première ligne jusqu'à la *dernière*; ce signe marque qu'il faut aller de suite.

D. quel est le second signe, et à quoi sert-il?

R. Le second signe est deux barres

tirées horisontalement depuis la première ligne jusqu'à la dernière avec *deux points* à *gauche*; ce signe marque qu'il faut dire deux fois la première reprise.

D. Quel est le troisième signe, et à quoi sert-il?

R. Le troisième signe est deux barres tirées horisontalement depuis la première ligne jusqu'à la dernière avec *deux points* à *droite*; ce signe marque qu'il faut dire deux fois la seconde reprise.

D Quel est le quatrième signe, et à quoi sert-il?

R. Le quatrième signe est deux barres tirées horisontalement depuis la première ligne jusqu'à la dernière avec deux points à droite et deux points à gauche ; ce signe marque qu'il faut dire deux fois la même reprise.

D. Qu'est-ce que le renvoi?

R. C'est un signe qui se met toujours à la fin d'un morceau, pour ramener au commencement.

D. Qu'est-ce que le Point d'orgue?

R. C'est un repos que l'on fait plus ou moins long.

D. Qu'est-ce que le Guidon?

R. C'est un signe qui se met ordinairement à la fin de chaque portée et qui sert à indiquer la première note de la portée qui suit.

D. N'y a-t il pas de signes qui servent

à indiquer quand il faut augmenter ou diminuer le son?

R. Il y en a trois.

D. Qui sont-ils?

R. Le signe qui sert à indiquer qu'il faut augmenter les sons, est marqué par deux petites lignes qui commencent en forme de pointe et se terminent très-séparées l'une de l autre.

Le signe qui sert à indiquer qu'il faut diminuer les sons, est marqué par deux petites lignes qui au commencement sont très-séparées l'une de l'autre et se terminent en forme de pointe.

Le signe qui sert à indiquer qu'il

faut augmenter le son jusqu'au milieu et ensuite le diminuer, est marqué en forme de losange, c'est-à-dire, commence en pointe, s'élargit jusqu'au milieu et se termine en pointe à la fin.

D. A quoi sert la Cadence?

R. Elle sert à préparer la note sur laquelle on veut tomber.

D. Combien y a-t-il de sortes de Cadences?

R. Il y en a deux: la Cadence pleine et la Cadence brisée.

D. Qu'est-ce que la Cadence pleine?

R. Elle consiste à ne commencer le battement de voix qu'après en avoir appuyé la note supérieure.

D. Qu'est-ce que la Cadence brisée ?

R. C'est celle par laquelle on fait le battement de voix sans aucune préparation.

LISTE

DES TERMES ITALIENS

LES PLUS USITÉS

Pour l'indication des Mouvements.

Termes Italiens.	Signification.
LARGO.	*Largement*, c'est le plus lent des mouvements.
LARGHETTO.	*Un peu moins lent* que Largo.
ADAGIO.	*Aller posément*, et moins lent que Largo.
GRAVE *ou* GRAVEMENT.	Lenteur dans le mouvement et de plus une certaine gravité dans l'exécution.

Termes Italiens.	Signification.
AFFECTUOSO.	*Mouvement moyen* entre l'Andante et l'Adagio, et dans le caractère du chant une expression affectueuse et douce.
AMOROSO.	*Tendrement*, c'est un mouvement lent et doux.
ANDANTE.	*Aller*, il caractérise un mouvement marqué, sans être gai, et qui répond à-peu-près à celui qu'on désigne en français par le mot *gratieusement*.

Termes Italiens	Signification,
ANDANTINO.	*Un peu moins de gaîté* dans ce mouvement que dans celui de l'Andante.
MODERATO.	*modéré*, c'est un mouvement moyen entre le lent et le gai; il répond à Andante.
GRATIOSO.	*Gratieusement.*
ALLEGRO.	*Gai.*
ALLEGRETTO.	*Moins* vîte qu'Allegro.
VIVACE.	*Gai* et *Animé.*
PRESTO.	*Vîte.*
PRESTISSIMO.	*Très-vîte.*
CANTABILE.	*Chanter aisément* et sans se presser.

Termes Italiens.	Signification.
DOLCE.	*Doux.*
PIANO.	*Doux*, on le marque souvent par un P.
PIANISSIMO.	*Très-doux*, on le marque souvent par deux PP.
MEZZOFORTE.	*A demi-jeu.*
MEZZAVOCE.	*A demi-voix.*
FORTE.	*Fort*, on le marque par une F.
FORTISSIMO.	*Trés-fort*, on le marque par deux FF.
SOTTO VOCE.	*Chanter à demi-voix*, ou jouer à demi-jeu.

Termes Italiens.	Signification.
RINFORZINDO.	*Enfler le son subitement*, souvent on le marque par cet abrégé *rinf.*
SOSTENTO.	*Soutenir* le son.
SMORZENDO.	*Laisser mourir* le son peu-à-peu.
SOLO.	*Seul.*

Fin des Principes généraux et fondamentaux de la Musique.

PRINCIPES
DU
VIOLON,
OU
RÈGLES NÉCESSAIRES A LA PERFECTION DE CET INSTRUMENT.

DEMANDE. COMBIEN le Violon contient il de *Cordes?*

RÉPONSE. Il en contient *quatre.*

D. Comment les nomme-t-on?

R. La première Corde ou Chanterelle se nomme. . . . . *Mi.*

La seconde Corde. . . . . . . *La.*

La troisième Corde. . . . . . *Ré.*

La quatrième Corde. . . . . . *Sol.*

D. Que faut-il faire pour acquérir une juste position de la *main* sur le Violon?

R. Il faut placer le premier doigt sur la note (*Fa*) de la première corde, le second doigt sur la note (*Ut*) de la seconde corde, le troisième doigt sur la note (*Sol*) de la troisième corde, et le quatrième doigt sur la note (*Ré*) de la quatrième corde. Ceci se doit faire sans lever aucun des doigts jusqu'à ce qu'ils soient tous placés selon cet ordre; mais après on doit les lever à une petite distance de la corde touchée et en faisant ainsi, la position est parfaite.

D. Comment doit se poser le Violon?

R. Le Violon doit être posé justement au-dessous de la clavicule, abaissant tant soit peu le côté droit ; de manière qu'il ne soit pas nécessaire d'élever le bras quand on a besoin de toucher la quatrième corde, de plus la tête du Violon doit être presque horisontale avec la partie qui repose contre la poitrine, de façon que la main se puisse transporter facilement et sans danger de laisser tomber l'instrument.

D. D'où dépend le *son* du Violon?

R. Le son du Violon dépend principalement du ménagement de l'Archet.

D. Comment doit-on tenir l'*Archet?*

R. On doit le tenir à une petite distance de la noix, entre le pouce et le doigt, le crin étant tourné en dedans contre le dos ou l'extérieur du pouce, dans cette position il doit être tenu libre et aisé sans roideur.

D. D'où doit procéder le *mouvement* de l'Archet?

R. Le mouvement doit procéder du poignet et du coude, quand on joue des notes qui vont vîte, et très-peu, ou point du tout, de la jointure de l'épaule; mais en jouant des notes longues, où l'on tire l'Archet d'un bout jusqu'à l'autre, la jointure de l'épaule est alors aussi un peu employée.

D. Comment faut-il *tirer* l'Archet?

R. L'Archet doit toujours être tiré en parallele avec le chevalet, ce qui ne se peut faire si on le tient roide et il doit-être pressé sur les cordes par le premier doigt seulement, et non par le poids de la main entière.

Les meilleurs joueurs épargnent le moins possible leur Archet et se servent de son entier, de la pointe jusqu'à la partie d'en bas et même au-de-là des doigts : en montant l'Archet, la main se baisse un peu de la jointure du poignet, quand la noix de l'Archet approche les cordes et que le poignet est immédiatement resserré ou la main plié en arrière, on hausse aussitôt qu'on commence à tirer l'Archet en bas.

D. Comment peut-on *enfler* ou augmenter et *adoucir* le son?

R. Cela se fait en pressant l'Archet

sur les cordes avec le premier doigt, ou plus ou moins.

D. Lorsque l'on joue les notes *longues*, comment le son doit-il être commencé ?

R. En jouant les notes longues, le son doit être commencé *doux* et graduellement enflé jusqu'au milieu, et de-là graduellement adouci jusqu'à la fin, et en dernier lieu on doit avoir un soin particulier de tirer l'Archet doucement d'un bout jusqu'à l'autre sans aucune interruption, c'est-à-dire sans s'arrêter dans le milieu, car en cela principalement dépend le beau son de l'instrument, ayant toujours soin de tenir l'Archet parallele avec le chevalet et de le presser seulement avec le premier doigt, avec discrétion.

D. Combien y a-t-il d'ordre ou position ?

R. Il y a sept *ordres*.

D. Qu'entend-on par ordre ?

R. On entend par ordre un certain nombre de notes qui doivent être jouées sans transposition de main.

D. Combien ces sept ordres contiennent-ils de notes.

R. Le premier ordre contient *dix-sept* notes, et les six autres n'en contiennent que *seize*.

D. Que faut-il faire pour toucher *juste* ?

R. Il est nécessaire de placer les doigts exactement à une égale distance et de s'éxercer beaucoup dans le premier ordre, puis l'on passe au second ordre et ensuite au troisième, ayant soin que le pouce reste toujours plus en arrière que le premier doigt et plus l'on avance dans les autres ordres, plus le pouce doit se trouver en plus grande distance juqu'à ce qu'il reste caché sous le manche du Violon.

D. Comment doit-on tenir les doigts sur le Violon?

R. C'est une règle constante de tenir les doigts aussi fermes qu'il est possible et de ne pas les lever jusqu'à ce que la nécessité demande de les placer ailleurs, en observant cette règle, on jouera beaucoup plus aisément à doubles cordes.

D. En quoi consiste la transposition de la main?

R. Elle consiste à passer d'un ordre à l'autre, par exemple :

Si une note doit être touchée par le quatrième doigt sur telle corde que ce soit dans le premier ordre, et que cette même note soit touchée par le troisième doigt, cela passera dans le second ordre et si elle est touchée par le second doigt, cela passe dans le troisième ordre et par conséquent en la touchant du premier doigt cela entre dans le quatrieme ordre.

Au contraire, si le premier doigt touche telle note que ce soit dans le quatrième ordre, en touchant la même note par le second doigt, cela passe dans le troisième; en la touchant avec le troisième dans le second; et finalement en touchant la même note avec le quatrième doigt cela entre dans le premier.

On voit clairement par là en quoi consiste la transposition de la main.

Il faut observer, en retirant la main du cinquième, quatrième et troisième ordre, d'aller au premier, le pouce ne pouvant, faute de tems, être replacé dans sa position naturelle; mais il est nécessaire qu'il soit à la seconde note.

D. Comment se fait le *Dièze?*

R. Le dièze se fait en haussant la note à laquelle il est joint, d'un demiton.

D. Comment se fait le *Bémol?*

R. Le bémol se fait en baissant d'un demi-ton la note devant laquelle il se trouve.

D. Comment se fait le *Bécarre?*

R Le bécarre otant la force et du dièze et du bémol, se fait en remettant la note devant laquelle il se trouve, dans son ton naturel.

D. Comment doit-on se servir de l'Archet?

R. Il faut se servir de l'Archet en le tirant de haut en bas et en le faisant remonter, ou en haussant et en baissant alternativement, ayant soin de ne pas suivre cette règle misérable de tirer l'Archet en bas à la première note de chaque mesure.

D. Que faut-il principalement observer pour les doigts et pour l'Archet?

R. Il faut avoir soin de tenir les doigts fermes, autant qu'il est possible, sur les cordes et d'employer beaucoup le poignet en maniant l'Archet, le bras très-peu et l'épaule point du tout.

D. Que faut-il faire pour parvenir à bien exécuter un morceau qui paraîtra difficile?

R. Il est nécessaire d'y examiner bien souvent la transposition de la main, jusqu'à ce que l'impression en soit faite entièrement dans l'esprit, et puis procéder à exécuter ce morceau qu'on ne trouvera pas alors si difficile qu'on pourrait d'abord se l'imaginer.

D. Quel doit être le principal objet pour l'étudiant?

R. C'est le maniment de l'Archet; car c'est un principe certain que celui qui ne posséde pas, à un dégré parfait, le maniment de l'Archet, ne sera jamais capable de rendre la mélodie agréable ni d'arriver à la facilité de l'exécution.

D. En quoi consiste les ornemens d'expressions pour jouer d'un *bon gout ?*

R. Ce qu'on appelle communément bon goût en chantant et en jouant, a été enseigné, il y a plusieurs années, pour détruire la mélodie juste, et l'intention du compositeur. C'est une supposition de beaucoup de gens, qu'un véritable bon goût ne peut-être acquis par aucune règle de l'art, étant un don particulier de la nature accordé seulement à ceux qui naturellement ont une bonne oreille; et comme la plus part des gens se flattent d'avoir cette perfection, de-là il arrive que celui qui chante ou qui joue ne pense à rien tant qu'à faire continuellement quelques passages ou graces favorites, s'imaginant par ce moyen être cru un bon exécuteur, sans s'appercevoir que jouer de bon goût ne consiste pas dans les passages fréquens, mais à exprimer l'intention du compositeur avec force et délicatesse. C'est une expression que chacun devrait tâcher d'acquérir, et elle peut être acquise facilement par une personne qui n'est pas trop amoureuse de sa propre opinion et qui ne résiste pas obstinément à la force de l'évidence. Je ne prétends point cependant nier les effets puissants d'une bonne oreille, sachant par l'expérience combien en est grande la force en plusieurs occasions; je soutiens seulement que certaines règles de l'art sont nécessaires pour un génie médiocre, et sont capables de faire profiter et perfectionner un bon génie. C'est pourquoi afin que ceux qui sont amateurs de la Musique, puissent arriver à la perfection avec plus de sûreté et d'aisance, je recommande l'étude des ornemens d'expressions suivans, qui sont au nombre de quatorze, savoir:

Le Tremblement Uni.
Le Tremblement Tourné.
Le Port-de-Voix d'en haut.
Le Port-de-Voix d'en bas.
La Tenue.
Le Détaché.
Le Ton Enflé.
La Diminution du Ton.
Le Piano.
Le Forte.
L'Anticipation.
La Séparation.
Le Pincement.
Le Tremblement Serré.

D. Qu'est-ce que le Tremblement Uni ?

R. Ce Tremblement est propre pour des mouvemens vîtes, et il se peut faire sur toute note, en observant de passer immédiatement après à la note qui suit.

D. Qu'est-ce que le Tremblement Tourné?

R. Ce Tremblement étant fait vîte et long-tems, est propre pour exprimer la gaîté; mais en le faisant court et continuant la note unie et douce, il peut exprimer une passion plus tendre.

D. Qu'est-ce que le Port-de-Voix d'en haut?

R. Le Port-de-Voix d'en haut est supposé exprimer l'amour, l'affliction, le plaisir, etc. On devrait le faire raisonnablement long, en lui donnant plus de la moitié de la longueur ou du tems de la note à laquelle il appartient, observant d'enfler le son par dégré et de forcer l'Archet un peu vers la fin; si on le fait court, il perdra beaucoup des qualités ci-dessus mentionnées, mais il aura toujours un effet qui plaira, et on le peut joindre à telle note qu'on veut.

D. Qu'est-ce que le Port-de-Voix d'en bas?

R. Le Port-de-Voix d'en bas a les mêmes qualités que le précédent, excepté qu'il est plus contraint ou confiné; comme il ne peut-être fait que quand la mélodie monte de l'intervalle d'une seconde ou tierce, il faut faire un pincé sur la note qui suit.

D. Qu'est-ce que la Tenue?

R. Il est nécessaire de s'en servir souvent,

souvent, car si nous faisions des pincés et des tremblemens continuels, sans souffrir d'entendre quelquefois la note unie, la mélodie serait trop diversifiée.

D. Qu'est-ce que le Détaché?

R. Ceci exprime du repos, pour prendre haleine ou changer une parole et pour cette raison les chanteurs doivent avoir soin de prendre haleine à l'endroit où le sens n'est pas interrompu.

D. Qu'est-ce que l'Enflement et l'Adoucissement du son?

R. On peut se servir de ces deux élémens, l'un après l'autre, ils produisent beaucoup de beautés et de variétés dans la mélodie, quand ils sont employés alternativement, ils sont propres pour toutes les expressions et mesures.

D. Qu'est-ce que le Piano et le Forte ?

R. Tous les deux sont très nécessaires pour exprimer l'intention de la mélodie ; et comme toute bonne Musique devrait être composée à l'imitation du discours, ces deux ornemens sont destinés à produire les mêmes effets d'un orateur qui hausse et baisse la voix.

D. Qu'est-ce que l'Anticipation ?

R. l'Anticipation fut inventée dans la vue de varier la mélodie, sans altérer son intention, quand elle est faite par un pincé ou un tremblement ; et en enflant le son elle aura un plus grand effet, principalement si vous avez soin de vous en servir, quand la mélodie monte ou descend l'intervalle d'une seconde.

D. Qu'est-ce que la séparation ?

R. La séparation est seulement destinée à donner de la variété à la mélodie, et prend place le plus proprement quand la note monte une seconde ou une tierce; comme aussi quand elle descend une seconde, et alors il ne sera pas hors de propos d'y ajouter un pincé, d'enfler la note et de faire un Port-de-Voix sur la note suivante, par ce moyen la tendresse est exprimée.

D. Qu'est-ce que le Pincé ?

R. Celui ci est propre à exprimer plusieurs passions : par exemple, s'il est exécuté avec vigueur et qu'on le continue long-tems, il exprime la colère, la résolution etc; s'il est exécuté moins fortement et plus court, il exprime la joie, la satisfaction etc; mais si vous l'exécutez tout à fait doucement et que vous enfliez la note, il peut alors exprimer l'horreur, la crainte, le chagrin, la lamentation; en le faisant court et en enflant la note délicatement, il peut exprimer l'affection et le plaisir.

D. Qu'est-ce que le tremblement serré?

R. On ne peut faire la description de celui-ci par des notes, comme des exemples précédens; pour l'exécuter, il faut presser votre doigt fortement sur la corde de l'instrument et mouvoir le poignet en dedans et en déhors également: quand il est continué en enflant le son graduellement, tirant l'archet plus près du chevalet, et le finissant avec force, il peut exprimer la majesté, la dignité ; mais en le faisant plus court, plus bas et plus doux, il peut dénoter l'affliction, la crainte etc. et quand on le fait sur des notes courtes, il contribue seulement à rendre leur son plus agréable, et pour cette raison on doit s'en servir le plus souvent qu'il est possible.

Les hommes d'une connaissance limitée qui n'ont que des idées confuses et mal dirigées, pourront peut-être demander comment il est possible de donner du sens et de l'expression à un morceau de bois ou à une corde, et en-même-tems le pouvoir de mettre en mouvement et flatter les passions d'un être raisonnable ; mais lorsqu'on me fera telle question, soit pour s'instruire ou la tourner en ridicule, je ne ferai aucune difficulté de répondre par l'affirmative, et sans m'embarrasser d'en chercher la cause, je crois qu'il me suffira d'en appeler aux effets.

On ne saurait me nier que dans le discours ordinaire, la différence des tons donne à une même parole un sens tout différent; il en est certainement de même à l'égard de la musique. L'expérience peut suffisamment nous convaincre que l'imagination de celui qui écoute, est entièrement à la disposition du maître qui, par le secours des variations, mouvemens, intervalles et modulations, fait passer dans l'esprit de son auditeur, à peu-près telles impressions qu'il lui plait; mais pour atteindre ce but, je conseille le compositeur ainsi que celui qui exécute, en cas que l'un et l'autre ambitionnent d'inspirer à leur audience tous les sentimens nommés ci-dessus, de tâcher de se les inspirer premièrement à eux-mêmes; et conséquemment par les effets que produira la chaleur de leur imagination, ils les introduiront dans leurs ouvrages.

Fin des Principes du Violon.

OBSERVATIONS SUR LA MUSIQUE.

CHAPITRE I.

Des différens caractères de la Musique, de leur usage naturel, et de leur emploi imitatif.

Les caractères de la Musique peuvent se réduire à quatre principaux, dont tous les autres sont les nuances, les approximations, les appartenances. La Musique est, 1°. tendre, 2°. gracieuse, 3°. gaie, 4°. vive, forte et bruyante : rien ne détermine l'ordre dans lequel nous rangeons ces caractères; nous n'avons voulu que passer graduellement d'une extrémité à l'autre. Chacun de ces caractères comporte une certaine latitude qui embrasse les caractères analogues et mitoyens.

Musique tendre.

L'attendrissement n'est pas un état de l'âme qui soit douloureux : il naît souvent du sentiment que l'on a de son bonheur. On s'attendrit en songeant à l'ami que l'on va revoir, à la maîtresse que l'on possède. Dans des situations semblables, rien de si naturel que de chanter; il est peu d'amans et d'amis qui n'en aient fait la douce expérience. La Musique tendre s'accommodera parfaitement sur le Théâtre à de telles situations.

Quelquefois l'attendrissement naît de la douleur : en ce cas, il est bon d'examiner si cette douleur prend sa source dans une affection douce, si c'est une douleur affectueuse, et jusqu'à quel degré elle est portée.

Un amant éloigné de sa maîtresse, éprouve une impression de tristesse et de mélancolie : ses souvenirs, ses pensées, son âme errent dans le vuide. Si j'ose avancer que cette situation a quelques douceurs, je ne crainds pas que les âmes tendres me dédisent : elles ont goûté ce charme d'une inquiétude amoureuse, dont le flux et le reflux agitent doucement la pensée ; et ceux qui aiment la Musique, ont dû se servir du chant comme d'un accessoire convenable à cette situation. Ainsi (pour parler encore une fois le langage d'Opéra) les peines même de l'amour sont douces : le plaisir s'y cache sous le nom et l'enveloppe de la douleur, à peu-près comme le suc délicieux de quelques fruits se couvre d'une peau et d'une écorce amère. De tous les sentimens, le plus lyrique, c'est l'amour. Il ne paraît pas que nos Poëtes l'aient ignoré. La raison qu'on pourrait en donner, est peut-être que l'amour, même malheureux, conserve je ne sais quoi qui plaît à l'âme en l'affligeant. Le plaisir de ses douleurs, si j'ose ainsi m'exprimer, est comme le nœud de convenance qui l'unit à la Musique, et le lui rend propre.

Observez que l'amant heureux et malheureux peuvent chanter sur le même ton, si ce ton est celui de la tendresse. Vous direz également bien sur la même phrase de chant, quelle qu'elle soit :

Je vous vois, mon sort est trop doux.

Je vous perds, mon sort est affreux.

La Musique n'a pas de nuences non plus pour différencier la tendresse d'une mère, de celle d'une maîtresse ou d'un ami. Les chants qui conviennent à l'une conviendront de même aux deux autres; et la sensation musicale s'adaptera indifférement aux émotions de la nature et à celles de l'amour.

La douleur de l'amour peut être si excessive, qu'elle n'ait plus rien du tout d'agrèable pour l'âme qui la ressent; alors elle n'appartient plus à la Musique tendre. Rancé cherchant sa maîtresse et trouvant son cadavre défiguré, n'eut ni le désir ni le pouvoir de chanter. *Les grandes douleurs se taisent*, a dit Sénèque: ce mot est encore plus applicable au chant qu'à la parole. Aussi sur le Théâtre une Musique tendre formerait un contresens avec cette situation de Rancé.

Résultat. Premier caractère; la Musique tendre. Son emploi naturel est

est propre à toutes les situations d'attendrissement, et son emploi imitatif aussi. La même Musique exprime également bien tous les genres de tendresse. Ce caractère comprend dans sa latitude la tristesse affectueuse, qui devient une nuance de la tendresse.

Musique gracieuse.

La Musique gracieuse ressemble assez par ses intonations, à celle qui est tendre; mais elle en diffère par le mouvement qu'elle anime un peu plus.

La Musique gracieuse tient naturellement à la situation d'une âme tranquille, qui repose dans une sorte d'impassibilité heureuse. C'est sur ce ton que chantera *Tityre*, couché au pied d'un hêtre : c'est ainsi que chanteront tous les hommes qui jouiront des voluptés de la nonchalance : il ne leur faut point de rhythme trop actif, il contrasterait avec leur situation, et la changerait peut-être. Il ne s'agit pour eux que d'échapper à l'engourdissement de l'inaction : c'est ce qu'opère sur eux la Musique gracieuse. Une des nuances de ce caractère est le gracieux tendre et sensible, l'*amoroso*. Ce Tityre, qui tout-à-l'heure chantait gracieusement exempt de soins, et de pensées pour ainsi dire, déclinera vers un chant tant soit peu plus sensible, s'il se souvient de Galatée qu'il aima. Ce sentiment affaibli, qui n'est plus qu'un souvenir, ressemble aux dernières ondulations d'un son qui n'existe déjà plus. Quelquefois le chant gracieux emprunte aussi quelque chose de la gaieté. Placé entre la joie et la tendresse, il s'étend vers l'une et vers l'autre ; il agrandit son domaine en anticipant sur le leur.

Second caractère, Musique gracieuse; applicable au calme de l'ame, et par extension à des sentimens mitigés. Cette Musique convient aux chansons, à la galanterie; son usage métaphorique et pittoresque la rend propre à tout ce qui est doux, frais et riant.

Musique gaie.

L'homme gai chante gaiement; cependant il n'est pas nécessité à chanter de même, non plus que l'homme calme et indifférent à proférer des chants gracieux. Le chant n'est pas tellement un langage d'expression naturel, que l'homme qui s'en sert pour son usage familier, le fasse toujours concorder avec sa situation. Ce serait s'attacher à un symptôme bien trompeur, de vouloir décider entre deux hommes qui chantent par instinct, lequel est le plus gai, en se déterminant d'après leur chant. Toutes ces observations minutieuses peut-être, mais nécessaires, doivent confirmer au lecteur ce que nous lui avons dit d'abord, que les premiers effets de la Musique ne sont que de simples sensations. L'homme gai peut donc machinalement proférer des sons tendres; mais le contraire, je crois, ne saurait exister : un homme fort attendri ne saurait proférer les accens de la gaieté : nous laissons au lecteur philosophe le soin d'expliquer cette bizarerie, que nous croyons pouvoir donner pour un fait bien observé.

La Musique précisément gaie, dans l'usage imitatif et théâtral que l'on peut en faire, n'est guères susceptible d'un emploi détourné. Ce qui est tendre en Musique, peut-être considéré comme triste, ou comme tendre, à cause de la prochaine affinité de ces deux caractères. Un tambourin gai, une allemande gaie, ne peuvent paraître que gais dans toutes les circonstances : il n'y a que du plus ou du moins. Communément plus l'air est vif, plus il acquiert d'alégresse. Il faut pourtant que le choix des intonations, que le tour mélodique contribue à lui donner ce caractère. Tel chant exécuté avec une mesure rapide, reste toujours froid et inactif : c'est un homme impotant que l'on traîne avec impétuosité ; il va vîte, mais il ne se remue pas.

La gaieté est donc le caractère le plus déterminé, le moins équivoque que nous trouvions dans la Musique : c'est celui auquel on peut le moins se méprendre ; il n'a point *d'à-peu-près*. Ce caractère est celui auquel en général la multitude est le plus sensible. L'homme qui aime le moins la Musique ne se défend pas de l'impression d'un air qui égaie. On se lasse promptement d'une Musique lente, forte, triste, sérieuse: on soutient sans peine la continuité des airs qui respirent l'alégresse. Qu'on se souvienne sur-tout que la gaieté de la Musique n'est pas la gaieté du rire: cette observation doit tenir une place importante dans la poétique de la Comédie chantée.

Troisième caractère, Musique gaie dans la réalité comme dans la fiction, tenant principalement à des situations gaies.

Musique forte, vive et bruyante.

Par Musique forte, nous entendons celle qui porte un caractère de fermeté, de fierté, de vigueur, ce qui s'effectue ordinairement par des notes pointées, piquées, auxquelles on donne une articulation plus dure. Cette Musique n'a jamais plus d'effet que lorsqu'elle est rendue à grand Orchestre : c'est pourquoi nous la considérons comme une des espèces de la Musique bruyante.

Ces épithètes, *forte*, *vive*, et *bruyante*, nous apprennent que cette Musique ne convient pas à une voix seule : aussi est-ce l'espèce de chant dont l'homme isolé, qui chante pour son délassement, fait le moins d'usage. S'il y recourt quelquefois, c'est plutôt par une froide opération de la mémoire, que par une détermination du goût.

Le caractère dont nous parlons porte une expression peu déterminée : le sens que l'esprit et la réflxion tirent de cette sensation musical, est si vague, qu'il s'applique heureusement à des circonstances qui diffèrent beaucoup entre elles, Nous allons en citer quelqnes exemples.

Le chant des fifres soutenu du son des tambours, au combat et dans tous les simulacres de guerre, excite une ardeur martiale : dans la Chapelle de Versailles, au moment où le Roi paraissait, ce bruit devenait auguste, imposant; il relevait la majesté du Souverain, et ajoutait à l'appareil de sa grandeur. Telle symphonie au Théâtre exprime un bruit de guerre : voulez-vous qu'elle signifie toute autre chose? Il n'en coûtera rien ni à l'Auditeur, ni à la Musique : il n'y a qu'à changer la situation, le spectacle et la décoration. Vous avez vu que l'ouverture de Pigmalion, entendue au moment d'un orage, en était devenue la peinture parlante. Cet exemple dispense d'en citer d'autres.

Le Lecteur est loin de soupçonner

peut-être tout ce qui tient à la fléxible indétermination de ce genre de Musique, à son caractère souple et changeant. Cette propriété reconnue résout tous les problêmes inexplicables sans elle. C'est à l'aide de cette Musique, qui *n'est rien*, d'une manière décidée, qu'on *exprime tout*, c'est-à-dire, tout ce qui semble se refuser à l'expression musicale.

Revenons sur nos pas, et rappelons ce que nous avons dit. *Plus un sentiment, dans la réalité, s'allie naturellement avec le chant; plus dans l'imitation théâtrale, le chant doit l'exprimer facilement et avec vérité.* Mais ce joueur désespéré qui vient de perdre sa fortune, ne saurait chanter dans la réalité; sa situation y répugne. Comment donc le ferez-vous chanter sur le Théâtre? Quel caractère de Musique adapterez-vous à une situation qui, hors de l'imitation, rejette toute Musique? Ce sera ce caractère vif, fort et bruyant. C'est avec un mouvement précipité, une mélodie tumultueuse que vous ferez parler le désespoir de ce malheureux. Au sortir de son premier trouble, s'il profère quelques réflections tristes et amères sur l'horreur de sa situation, vous emploirez ce caractère grave et austère que j'ai joint à la Musique bruyante; ces notes pointées, piquées, dont l'articulation est âpre et vigoureuse.

Nous avons dit que de tous les sentimens, le plus lyrique est l'amour; la haine par la même raison ne l'est guères; et plus elle tourmente l'âme par la fougue de ses accès, plus (dans la réalité) elle est anti-lyrique; car dans le transport de la rage, qui voudrait chanter? Il faudra donc au Théâtre, faire pour *Vendôme* furieux, ce que nous avons fait tout-à-l'heure pour *Béverlei* au désespoir; saisir un mouvement rapide, faire éclater l'Orchestre et la voix dans toute leur force. Le premier instant passé si le personnage substitue aux convultions de la colère, les mouvemens plus composés d'une haine sombre et réfléchie, les notes piquées se présentent de nouveau comme un moyen d'expression. Le Lecteur sent, par cet exemple, que le même monologue de Musique conviendrá également à *Béverlei* ou à *Vendôme*. Nous développerons cette vérité par de nouvelles preuves et de nouveaux exemples, lorsque nous traiterons du *Stile* et de *l'imitation déclamatoire*.

Quatrième caractère. Musique forte, vive et bruyante; elle n'est compatible dans la réalité avec aucun état de l'âme: au Théâtre, elle s'applique à toutes les situations qui comportent du trouble ; quelles qu'elles soient.

Ce Chapitre contient le dépouillement de l'Art tout entier. Mais il ne tient qu'au Lecteur de réduire à bien peu de chose ce long étalage de doctrine. Quatre mots techniques lui en auraient dit presque autant. *Largo, Andante, Allegro, Presto*; voilà le sommaire de tout ce que nous venons d'écrire : tant la nomenclature d'un Art en contient quelquefois les secrets les plus cachés.

CHAPITRE II.

Nouvelles observations sur la Musique vive, forte et bruyante.

VOULEZ-VOUS reconnaître plus positivement encore, combien est vague et indéterminée l'expression de la Musique forte et bruyante? Une expérience peut vous en assurer. Otez à cette Musique le commentaire des paroles, celui du bruit qui l'accompagne; réduisez-là à la seule mélodie exécutée, je ne dis pas sans accompagnement, mais sans fracas; et interrogez alors cette mélodie; écoutez ce que vous dira l'expression qui lui est propre et inhérente. Je donne à l'homme le plus versé dans la Musique, le choix de l'air Français, Italien, Allemand,

qui lui aura paru exprimer la colère et la rage avec le plus de vérité : sans savoir quel sera le morceau choisi, j'affirme d'avance qu'il perdra toute son expression, lorsqu'il perdra l'accessoire des paroles et du bruit. Hé! pensez-vous que M. Gluck ait méconnu cette vérité? Qu'il s'en soit rendu compte ou non, il l'a sentie; ce qui suffit pour l'accomplissement des œuvres du génie. Entre-il dans la tête d'un Compositeur de mettre pendant un air entier, la voix d'un seul homme aux prises avec soixante instrumens, qui redoublent de force pour la couvrir et l'étouffer? C'est pourtant ce que M. Gluck a pratiqué dans la colère d'Achille. N'en doutez pas; ou de réflexion, ou de génie, voici comme il a résonné. « J'ai à peindre
» la fureur de l'homme le plus violent :
» ces mots seuls, *la colère d'Achille*,
» annoncent une passion extraor-
» dinaire et terrible. Comment élever

» le chant jusqu'à cette situation ? » La colère est un sentiment qui ne » chante pas : produisons un effet de » symphonie et d'ensemble, impo- » sant, effrayant, s'il est possible. » L'illusion de cet effet sera rever- » sible sur mon héros; et le Spec- » tateur qui entendra le bruit de tout » l'Orchestre, croira que ses cent » voix sont la voix d'Achille. » C'est ainsi que sent ou raisonne l'homme de génie : on sait si le procédé de M. Gluck lui a réussi : l'air des fureurs d'Achille n'a pas trouvé peut-être un seul détracteur. Essayez d'y substituer un chant *colérique*, et qui fasse moins de bruit, vous verrez combien il y aura à perdre. Je dis plus; l'air des fureurs d'Achille détaché de la situation et des paroles, exécuté par un petit nombre d'instrumens, ne sera plus qu'une marche fière et articulée; ce qui ne peut jamais s'alléguer au désavantage de l'air ni du Compositeur. Qu'importe que le caractère de cette mélodie puisse être affaibli ou dénaturé par les circonstances? l'homme de génie qui l'a conçue, l'a revêtue de tout ce qui la rendait propre à la situation : avec ce chant, il a produit le plus grand effet possible; il a fait voir la colère où elle n'était pas : imitons ce coup de magie, au lieu d'en faire la censure.

L'expérience que je viens d'indiquer, il faut, pour la rendre complette, la répéter sur des airs gais, tendres et gracieux. Si la mélodie de ces airs mise à nud, sans bruit, sans paroles, sans accompagnement même, reste toujours ce qu'elle était; si elle conserve son caractère gai, tendre et gracieux, la différence que nous avons établie devient incontestable.

Une autre différence que je veux

faire observer encore, et que l'exemple ci-dessus proposé met dans tout son jour, c'est qu'au-dessous d'une figure peinte ou dessinée, dont le trait simple n'exprimerait pas la colère, si vous écriviez *la colère d'Achille*, vous traceriez un mensonge qui ne tromperait ni l'esprit, ni les yeux : en Musique, où il n'y a point d'expression parlante de la colère, un homme de génie fait choix d'une mélodie propre à opérer le prestige dont il a besoin; il dit à ce chant qu'il a conçu : *deviens l'interprète de la fureur.* Le prodige s'opère; tout le monde s'y méprend, et l'on se sent, pour ainsi dire, animé du sentiment que le Musicien a voulu exprimer.

Quels sont les moyens qui effectuent une illusion si étonnante? Les voici.

Toute mélodie forte et bien conçue, exécutée à grand bruit, excite une émotion vague, une sensation indéterminée: elle met du trouble dans nos sens. L'esprit travaille sur cette sensation, et voici les rapports qu'il lui trouve avec la colère. 1°. Le tumulte des idées, dont le tumulte des sons devient à-peu-près l'image. 2°. La colère précipite le mouvement du sang, et fait battre le pouls à coups redoublés. De même, la mesure (qui est le pouls de la Musique) précipite ses impulsions et renforce ses secousses. 3°. La colère fait jaillir la voix par éclat : de même dans cet air de fureur, l'Acteur fait dominer les sons de sa voix; ce qui ne signifie pas qu'il imite l'accent inarticulé de la colère, mais qu'il donne aux sons qu'il profère, l'expression du *fortissime*, comme la donnent les instrumens qui n'imitent aucun cri.

Ajoutez à ces moyens d'imitation,

le geste, le regard, la démarche de l'Acteur, les paroles dont le sens est *la colère*, vous concevrez que le Spectateur cède à l'illusion de tant d'accessoires qui entourent et enveloppent la mélodie, et qui lui communiquent une expression *locale* et du moment.

Cette transformation de la même Musique en différens caractères, ne peut pas avoir lieu pour tous les caractères pris indifféremment. D'un air tendre, d'un air gracieux, vous ne ferez jamais le langage de la fureur: l'analogie ne s'y trouve pas. Les caractères de Musique qui ont une expression déterminée, peuvent tout au plus l'étendre, mais non pas la contredire : ils ne peuvent pas signifier autre chose que ce que leur caractère propre leur permet. La Musique dont l'expression est moins décidée, par cette raison même, admet plus facilement diverses expressions. Elle est, si j'ose le dire, dans le cas des hommes qui manquent de caractère : c'est à ceux-là qu'il est le plus aisé d'en trouver un d'emprunt, qu'ils doivent à la circonstance.

Tous nos chants militaires fournissent un complément de preuves de ce que j'avance : ils sont vifs, bruyans, articulés. L'air *de la charge,* qui est le signal du meurtre, est une contre-danse. Demandez à nos Officiers, si cet air exécuté au moment du combat, avec le fracas des instrumens guerriers, donne envie de danser ; si son caractère primitif ne s'efface pas, ne se perd pas dans le caractère qu'il prend accidentellement. Mais, dira-t-on, c'est la circonstance qui détermine l'impression que l'air doit faire. Hé ! au Théâtre n'est-ce-pas de même ? Si vous me passionnez pour un de vos personnages réduit au désespoir, pensez-vous que je ne sois pas très-bien disposé pour trouver l'expression du désespoir dans ce qu'il chante ?

Lorsque j'observai pour la première fois ces quatre caractères principaux dans la Musique, lorsque je reconnus leur emploi propre et *extensif*, il me sembla que cette idée n'avait encore été saisie par personne : depuis, je l'ai trouvée dans les anciens, avec de légères différences.

« Les Philosophes avaient divisé la Musique, relativement à ses effets sur l'âme, en trois espèces, *Musique tranquille, active, enthousiastique*. La première était un chant grave, d'un mouvement modéré, ce qui la fit nommer *morale, ethica*. La seconde était un chant plus vif, qui convenait aux passions. La troisième saisissait l'âme et la remplissait d'ivresse ». (Notes de M. l'Abbé le Batteux sur la Poët. d'Aristote).

« Il y a trois principes de la Musique, dit Plutarque; la gaieté, la douleur, l'enthousiasme ».

« La Musique se divise en trois espèces. *Musique* d'*affliction*, de *gaieté*, de *calme* ». (Aristide-Quintil.)

Euclide établit trois caractères de mélodie, celui qui *élève l'âme*, celui qui *l'énerve*, et *l'amollit*, celui qui *la tranquillise*.

Plutarque, dont les trois divisions sont la *gaieté*, la *douleur*, l'*enthousiasme*, appropriait-il à la douleur toute Musique lente et sensible? Cela ne nous semble pas juste; car un amant dans l'extase du bonheur, chante sur un ton sensible et touchant.

La distinction d'Aristide-Quintilien, Musicien Grec, se rapporte à ces trois mots, *Adagio*, *Andante*, *Allegro*. Il considère l'*adagio* plutôt comme *triste* que comme *tendre* : je m'éloigne en ce point de son opinion. L'*andante* peint le calme et les émotions si douces qu'elles ne détruisent pas l'idée du repos. L'*allégro* exprime la gaieté comme le nom seul l'indique. Aristide-Quintilien, qui ne fait pas mention de la Musique enthousiastique, aurait-il conçu, ainsi que moi, que l'allegro devient enthousiastique, lorsqu'on y joint l'accessoire du bruit et l'appareil de l'imitation ?

CHAPITRE III.

Du style en Musique.

Nous considérons le style de deux manières, quant à la composition, et quant à l'exécution.

Du style quant à la composition.

Le mot *style*, lorsqu'on l'applique à la langue, signifie la manière de *composer* et d'*écrire*. Composer, c'est régler la suite et la marche de ses pensées, déterminer celles qu'il faut étendre, resserrer, et même supprimer. Écrire, c'est choisir les tours, les mots et enfixer l'arrangement.

Le style en éloquence et en poésie a tant d'efficacité qu'il peut faire goûter

goûter un Ouvrage stérile pour le fond, et en faire négliger un dont le sujet comporte de l'intérêt. Cicéron appelle le style *optimus, ac præstantissimus dicendi effector, ac magister. Le maitre en l'art de bien parler, et ce qui produit les grands effets.* Denis d'Halicarnasse attribue à l'arrangement des mots, une sorte de puissance divine qui modifie le style de mille manières. Il compare le pouvoir de cette partie du style à celui de Minerve dans l'Odyssée, qui fait paraître Ulysse tour-à-tour jeune et vieux, sous un extérieur abject, et sous une représentation auguste.

La Musique est une langue. Cette langue a ses caractères élémentaires, les sons; elle a ses phrases qui commencent, se suspendent et se terminent. Ce n'est pas seulement la nécessité de ménager à la voix des instans de repos, qui fait imaginer ces suspentions et ces terminaisons de la phrase musicale; la nature de l'Art les indique. Après telle suite de sons modulés, l'oreille attend quelque chose; après telle autre elle n'attend plus rien.

Le mérite du style en Musique comme en éloquence, consiste à bien distribuer ses pensées, à les rendre amies et dépendantes l'une de l'autre, à savoir à propos les resserrer et les étendre.

Quant à cette autre partie du style, qui, en éloquence, consiste dans l'arrangement des mots, elle n'a point lieu pour les sons en Musique. Le chant une fois conçu, la place des sons est nécessairement fixée. Expliquons ceci par un exemple.

Je préfère la mort à l'esclavage.

L'Écrivain qui veut mettre au jour

cette pensée, peut la présenter sous des mots et des tours différens. Il peut s'exprimer ainsi :

J'aime mieux la mort que l'esclavage.

La mort m'effraye moins que la servitude.

J'aime mieux n'être plus que d'être Esclave.

Que sais-je enfin? M. *Jourdain* peut dire de vingt façons, à *Dorimène*, qu'il *meurt pour ses beaux yeux* : c'est toujours la même chose qu'il lui aura dite. Il n'en est pas ainsi en Musique. Si vous mettez le son qui était le troisiéme dans votre phrase musicale, à la place de celui qui était le premier; et que vous intervertissiez ainsi l'ordre successif, vous ne retrouverez pas la moindre trace du premier chant. D'où provient cette différence? De ce que les tours et les mots ne sont que les signes conventionnels des choses : ces mots, ces tours ayant des synonymes, des équivalens se laissent remplacer par eux : mais les sons en Musique ne sont pas les signes qui expriment le chant; ils sont le chant même. Que fait-on lorsqu'on imagine une phrase de mélodie? On dispose les sons de telle ou de telle manière : le chant une fois déterminé, la disposition des sons l'est donc aussi nécessairement.

Il suit delà qu'en Musique on ne peut jamais exprimer obscurément sa pensée. On chante, on note les sons que l'on a dans la tête : ces sons ne sont pas l'expression de la chose; ils sont la chose même. Mais l'Ecrivain qui a le choix des tours et des mots, s'il ne tombe pas précisément sur ceux qui appartiennent à sa pensée, il ne l'explique pas : il dit *blanc*, tandis qu'il pense *noir* : l'impropriété d'expression n'est que trop commune en écrivant.

Il n'y a qu'une façon d'énoncer obscurément sa pensée en Musique, c'est de l'étouffer par l'harmonie. Si vingt instrumens articulent à la fois des chants qui se contrarient, l'un écrase l'autre, et l'on ne distingue plus rien. Cette obscurité résulte de la confusion de plusieurs voix qui parlent ensemble et ne disent pas la même chose. Aussi ce qu'on appelle Art d'écrire en Musique, n'est relatif qu'à l'harmonie : c'est l'art de distribuer les parties auxiliaires du chant, de façon à le laisser paraître et à l'embellir.

Observons, en passant, combien les expressions propres d'un Art, tiennent aux procédés qui lui sont propres. On appelle *style*, l'Art de composer la mélodie : et chaque mélodie n'admettant qu'un seul arrangement de sons, on annexe l'*Art d'écrire* à l'harmonie, parce qu'elle a la liberté d'arranger les sons de plusieurs façons différentes : on ne dit point le style de l'harmonie, parce que l'harmonie prise en elle-même, a peu d'expression et de caractère.

Le style en composition est donc le tour mélodique, la façon de faire chanter les sons.

Du style quant à l'exécution.

Par quelle bizarrerie dit-on d'un Chanteur distingué, d'un instrument fameux *il a un style excellent*, et qu'on ne saurait le dire d'un Orateur qui prononce un Discours, d'un Déclamateur et d'un Comédien qui récitent et qui jouent?

Il est mal aisé d'en trouver la raison: quelle qu'elle soit, nous remarquerons que l'Art d'exécuter en Musique est infiniment difficile, parce qu'il est infiniment fécond et varié. Il ne faut pas pour ainsi dire, que deux sons qui se succèdent, aient la même affection, la même propriété. Le style de l'Exécutant doit donc se rouler continuellement d'opposition en opposition, de contraste en contraste. Ajoutez encore, qu'un Récitant habile ne s'asservit pas strictement à ce que le Compositeur a noté. Ici, il orne le texte; là, il le simplifie; il altère une valeur aux dépens d'une autre; et par ces modifications qu'il imagine, il se rend presque Propriétaire et Auteur de ce qu'il exécute.

Démosthène, lorsqu'on lui demanda quelle est la première partie de l'éloquence, répondit *la déclamation* : la seconde, lui dit on? --- *La déclamation*. --- La troisième? *La décla-*

mation. Que dirons-nous donc de l'exécution musicale ? Elle ajoute plus à la Musique, que la déclamation n'ajoute à la Poésie, à l'Éloquence. Prononcez mal un discours, ou des vers ; que leur faites-vous perdre ? L'harmonie, et le ton passionné, s'ils en sont susceptibles : mais les mots, signes vivans de la pensée, la montrent dans tout son jour. Ils indiquent les mouvemens passionnés de l'écrivain, quoique le déclamateur n'en profère pas l'accent. Au contraire, les sons de la Musique étant nuls par eux-mêmes et sans signification, ils n'en acquèrent que par les inflexions qu'on leur donne, par le contraste qu'on y met. Si vous leur ôtez cet unique moyen qu'ils ont de s'exprimer ils restent muets et inanimés. Tirez un sens de la gamme chantée scholastiquement. Quel sera l'homme assez Musicien, ou plutôt assez peu Musicien, pour juger d'une Musique mal exécutée ?

C'est par cette nullité intrinsèque des sons musicaux qu'il faut expliquer la nécessité à laquelle l'Art est astreint de varier toutes les inflexions des sons, et de n'en pas accoupler deux qui se ressemblent. Quelle différence du chant du discours! Les mots ont non-seulement leur signification fixée par la convention, mais encore leurs propriétés naturelles. Ils sont âpres ou doux, légers ou pesant. Des lettres de l'alphabet, l'une est rude, l'autre molle. Cherchez ces disparités entre les notes de la gamme. *Ut* (pris séparément) est en tout semblable à *re*, à *mi* : le grave et l'aigu même n'ont de puissance qu'autant qu'ils se succèdent et se contrastent mélodiquement. Tous les élémens de la langue musicale, étant nuls et sans caractère, c'est en les modifiant de cent mille manières qu'on leur donne la forme et l'existence. Le style de l'exécutant est l'artisan de ces modifications créatrices; il oppose à chaque instant le *fort* au *doux*, les vibrations molles aux vibrations serrées, les *coulés* aux détachés; autrement il fatigue l'air d'un vain bruit, où l'oreille ne peut rien concevoir.

La langue parlée emploie quelquefois, ainsi que la Musique, des sons qui n'ont ni signification, ni caractère; on n'a d'autre ressource que d'en varier l'inflexion pour déterminer le sens qu'ils doivent avoir. L'interjection *ah!* est un de ces sons nuls par leur nature; suivant l'inflexion que la voix lui donne, elle exprime la douleur, la joie, l'étonnement, la tendresse, l'admiration, etc., etc. Voilà ce que fait la Musique : elle accentue à sa manière, *mélodiquement*; elle rhythmise des sons qui manquent de toute expression, et par cette opération elle leur en communique une. Le Compositeur et l'exécutant réunissent pour un même effet toute la magie de leur style. L'un, comme Pigmalion, modèle la statue; l'autre, comme l'Amour, la touche et la fait parler.

CHAPITRE IV.

De ce que l'imitation déclamatoire ajoute au style musical.

COMMUNÉMEMT on ne chante pas au pupitre comme sur la scène. Quelles sont les différences qui distinguent ces deux façons de chanter? Quels sont les caractères de Musique les plus susceptibles de ces différences? Tel sera dans ce chapitre l'objet de nos recherches.

En chantant au pupitre, on donne à la Musique toute son expression naturelle, toute celle qui tient proprement au style, et qui le constitue ce qu'il est : on retranche l'expression déclamatoire, parce que tenant à l'action, à la représentation, elle doit disparaître avec l'appareil du Théâtre.

Un air

Un air, en passant de la scène au pupitre, fait donc ce que fait le chanteur lui-même; il quitte sa parure théâtrale, et se montre sous un vêtement ordinaire. En quoi consiste cet ornement que la Musique emprunte de la déclamation? Dans l'altération de la voix, dans le geste et l'expression du visage. Ces deux dernières parties tiennent uniquement à la déclamation; nous sommes dispensés d'en parler. Mais l'altération de la voix ne pouvant être indépendante de l'Art des sons, il convient d'en dire quelques mots.

On ne parle point comme l'on chante. L'émission de la voix, dans ces deux procédés de l'organe, n'est pas la même; le chant exige des sons homogènes, qui tiennent à un même corps de voix. La déclamation suit moins sévèrement ce principe; elle permet aux passions d'altérer, de dénaturer le son de la voix pour le rendre expressif : le chanteur doit toujours maintenir la sienne *mélodique* ; il n'a pas plus le droit de déroger à ce principe, que les instrumens, de tirer un son éraillé et vicieux, pour exprimer des sentimens contraints et pénibles. Au Théâtre lyrique, où la Musique et la déclamation se réunissent, il faut que les deux principes opposés se combinent ensemble, et se modifient l'un par l'autre. La Musique admet donc quelque altération dans la voix. L'Acteur la rend dans plusieurs instans, moins mélodique et plus déclamatoire ; il exagère aussi l'expression naturelle du chant, convenablement au geste, aux regards, aux mouvemens dont il l'accompagne. Il anime, il passionne la mélodie sur la scène plus qu'au concert : telle est l'influence de la déclamation sur lechant. Mais tous les caractères de chant ne recourent pas également à cette expression empruntée d'un autre Art. Un air gracieux, nn air tendre se chante au pupitre comme au théâtre. Faites-en l'épreuve sur le premier air de la Colonie et sur les airs que je vais indiquer. *Je n'ai jamais chéri la vie. C'est l'Amour qui prend soin. Ah! quel tourment d'être sensible. Amour, Amour, quelle est donc ta puissance*, etc. etc. Au contraire, les airs, *J'ai perdu mon Euridice*; celui d'Alceste, *me déchire et m'arrache le cœur. Je me reconnais*, de l'Opéra de Roland; la reprise vive du duo de Silvain, etc. etc. Tous ces morceaux reçoivent au Théâtre une expression plus forte, plus pathétique, et qu'ils empruntent de la déclamation. Ces morceaux sont tous du genre *vif, fort et bruyant*: c'est sur ce caractère, moins déterminé que les autres, que la déclamation xerce un empire plus facile et plus absolu ; moins elle lui trouve une signification positive, plus elle peut lui en donner une accidentelle et de rencontre.

J'avançais un jour, que d'un air infiniment pathétique au Théâtre, et que je désignais, l'on ferait une pièce de clavecin charmante, mais qui ne serait que vive, spirituelle, animée ; je n'en fus pas cru sur ma parole : tous ceux qui m'écoutaient, encore plains de l'émotion tragique que l'air leur avait causée, ne pouvaient croire qu'ils l'entendissent jamais avec un plaisir dénué de ce trouble attendrissant. Il survint un homme d'un talent distingué pour le clavecin, qui exécuta ce que je proposais, et opéra l'effet que j'avais annoncé. Ce fait ne prouve rien ni contre l'air dont il s'agit, ni contre l'Auteur, ni même contre l'Art. L'air sur la scène est pathétique autant qu'un air puisse l'être : l'Auteur est un homme de génie qui a vu dans la mélodie de son air, toute l'expression déclamatoire dont elle est susceptible. Hé! quel tort cela peut-il faire à l'Art, qu'un morceau plein de trouble et de délire au Théâtre, soit, dans la chambre, une pièce de clavecin charmante? Une telle mélodie fait les fonctions d'un Acteur intelligent, qui multiplie son emploi, et joue des rôles différens : c'est *Garrik* que la Tragédie et la Comédie se disputent, et qui, en changeant de masque et d'habit, les sert également bien l'une et l'autre.

Familiarisons le Lecteur avec cette idée, que le même chant peut emprunter de la déclamation différentes expressions presque contraires l'une à l'autre; eh! c'est ce qui arrive au phrases du discours. L'ironie fait prononcer les mots dans un sens contraire à celui qu'ils ont : le Kain, au cinquième acte de Zaïr, disant : *je ne suis point troublé*; par le prestige de la déclamation, disait effectivement : *je suis dans le plus grand trouble*. Mais si la déclamation peut arracher aux mots le sens qui leur est propre, et leur en donner un tout contraire; comment, sur de simples sons, aura-t-elle une efficacité moins grande?

Apprenez donc, Lecteur à n'être plus la dupe de toutes les critiques dictées par l'ignorance ou la mauvaise-foi. *Tel air est mauvais*, dit-on, *car j'y peux appliquer d'autres paroles que celles qui y* sont. Il n'est point d'air *vif*, *fort*, *bruyant* (exprimant *la haine*, *la rage*, *le désespoir*, tous ces sentimens douloureux et anti-lyriques), qui puisse dépouiller cette expression et en revêtir une autre. Ne vous tourmentez point l'esprit pour nuir à vos plaisirs; ne combattez point vos sensations par des sophismes. Tel air au Théâtre vous pénètrede passions turbulentes et impétueuses; le Musicien qui opère un tel prodige, est un Magicien dont l'Art doit vous être cher et précieux : tous ne le possèdent pas cet art si difficile; ne condamnez au Théâtre que ceux qui vous permettent d'y être comme vous seriez au Concert, détaché de l'action et de l'ensemble, recevant votre plaisir par pièce et par morceaux, assistant enfin aux horreurs interessantes de la Tragédie, sans en éprouver l'émotion forte et profonde.

Ce n'est pas la Tragédie seulement que l'on associe au chant; le Comique, le Bouffon se chantent aussi, et dans ce genre comme dans le pathétique, la déclamation aide la Musique de ses moyens, et lui prête son expression.

L'Auteur de *la Serva Padrona* donnait à son Musicien une tâche difficile à remplir, en lui prescrivant d'exprimer l'impatience d'un homme qui attend. Comment voulez-vous que la Musique atteigne à cette expression? Quels moyens a-t-elle pour y réussir ? Le Musicien a fait un air vif, et il ne pouvait rien faire de plus pour exprimer. Ce caractère, comme nous l'avons dit, est susceptible de diverses interprétations. La déclamation lui prête celle de l'impatience, et démontre ce sentiment par le jeu de l'Acteur.

L'Auteur du charmant Opéra-comique *de Rose et Colas*, a voulu que son Musicien exprimât *l'ironie*, sentiment dont la Musique ne parle point le langage. La déclamation supplée à ce qu'elle ne peut faire; mais quelque talent d'expression que l'Acteur déploie dans l'air *Ah! quelle douleur*, chanté vivement; l'oreille musicienne sent, au caractère de la mélodie, que l'air eût gagné à être chanté dans un sens positif, sans ironie, et avec moins de vîtesse.

Parlerai-je de ces imitations bouffonnes que la déclamation joint quelquefois à la Musique, comme de rire, ou de bailler en chantant, de contrefaire le ton cassé et le babil ridicule d'un vieillard, etc. etc. C'est faire grimacer la Musique, de la mettre à de telles épreuves : c'est enlaidir la mélodie, c'est la dépraver pour le bien de l'imitation : c'est vouloir qu'un beau visage ressemble à ce qu'il y a de plus laid. On peut faire, en passant, de si cruels sacrifices à la vraisemblance théâtrale; les répéter trop souvent, ce serait les faire dégénérer en abus. Essayez au Concert ces grotesques modifications du chant, elles en paraîtront la décomposition monstrueuse : on ne pourra les soutenir. Que cet exemple achève de nous faire connaître qu'on ne chante pas au pupitre comme sur la scène. Mais qu'on m'explique comment les partisans déclarés de la mélodie, qui, dans les guerres de Musique, se battent sous son enseigne, et qui excluent du genre tragique tout ce qui tend à l'expression la plus vraie, aux dépens (disent-ils) de la grâce et de l'unité requise dans la mélodie, qu'on m'explique, dis-je, comment des *Mélodistes* si délicats et si scrupuleux, applaudissent avec transport à des représentations comiques, où la mélodie toute contrefaite, pour se rendre imitative, substitue de hideuses grimaces à ses grâces naturelles? De tels jugemens sont-ils de bonne foi?

CHAPITRE V.

Réponse à diverses questions concernant le style d'exécution.

QUESTION.

SI LE STYLE d'exécution a tant d'efficacité en Musique, il n'est donc point d'air qu'on ne puisse rendre agréable, lorsqu'on en sait accentuer et modifier tous les tons?

RÉPONSE.

Si l'habillement et la parure ajoutent tant à la beauté, il n'est donc point de visage que l'Art ne puisse embellir. Le vice de ce raisonnement fait sentir le vice du premier. Une mélodie mal composée n'inspire rien à celui qui l'exécute; il ne saurait où placer ses inflexions, ses agrémens; rien ne les détermine. Lecteur, voulez-vous vous assurer d'une manière in-infaillible, si la mélodie de tel Musicien a du charme et du caractère? Regardez, écoutez l'Orchestre qui l'exécute. S'il s'anime en exécutant, si leurs sons ne sortent point *à froid* de leur instrument, la mélodie a parlé à leur âme; cette preuve est sans replique.

QUESTION.

Le même morceau de Musique comporte-t-il différens styles d'exécution? Peut-il être rendu de plusieurs manières?

RÉPONSE.

Entre toutes celles que l'on pourrait employer, il en est une plus convenable

venable au style de l'air; cette manière doit être regardée comme l'unique, puisqu'elle est la plus vraie.

QUESTION.

Cet Air pathétique que vous avez cité, et qui au clavecin est devenu une pièce charmante, dans ces deux emplois différens, en variez-vous le style ?

RÉPONSE.

Non, j'ajoute ou retranche l'expression déclamatoire; mais le style reste le même-

QUESTION.

Et tous ces Virtuoses du premier ordre dont le style diffère; les *Pagins* les *Gaviniés*, les *Jarnovich*, les *Pugnani*, les *Jansons*, les *Duport*, les *Rault*, les *Bezzozi*, exécuteront-ils le même morceau de la même manière?

RÉPONSE.

C'est dans leur propre Musique qu'ils différeront le plus. Tous doivent se rapprocher en saisissant l'esprit de chaque Compositeur, et le sens de chaque morceau. Celui qui y serait le moins propre, aurait le talent le plus circonscrit, et mériterait le moins d'être appelé un grand Musicien.

QUESTION.

Chaque Nation a-t-elle un style d'exécution comme elle a un accent et un langage?

RÉPONSE.

Non, chaque Nation adopte différens styles suivant les tems et les circonstances. Communément il suffit d'un talent supérieur pour donner le ton à tous les autres. Le style du chant Italien s'est fort corrompu depuis quarante ans : on y a mis une exagération souvent ridicule, que les grands Maîtres condamnent, et dont les grands talens, savent s'affranchir.

CHAPITRE VI.

De l'Harmonie jointe à la Mélodie.

JUSQU'ICI nous nous sommes renfermés dans l'idée la plus simple que l'on puisse concevoir de la Musique, dans la seule mélodie; complettons cette idée, et reconstituons l'Art dans son entier, en lui rendant l'un de ses accessoires les plus nécessaires, l'harmonie.

Le Lecteur n'attend pas que nous lui donnions un traité scientifique des accords et de la manière de les employer. Dans ce Chapitre, comme dans le reste de l'Ouvrage, nous considérons la partie méthaphysique de l'Art, plus que la partie matérielle et technique. Au lieu de répéter ce qu'ont dit les plus savans Théoriciens sur la formation et l'usage des accords, nous nous bornerons à quelques réflexions, faites plutôt pour les ignorans, que pour les personnes versées dans la Musique.

C'est certainement un phénomène digne d'observation, que la co-existence de plusieurs sons, que l'oreille distingue tous, et dont l'impression simultanée ne produit qu'une sensation nette et distincte. De tous nos sens, l'ouie est le seul susceptible d'une telle sensation, composée et simple tout à la fois, et la Musique a seule le droit de nous la faire éprouver. Que différens bruits parviennent ensemble à l'oreille, ils se détruisent réciproquement : que plusieurs personnes parlent à la fois, aucune ne se fait entendre. Mais que plusieurs voix chantent en même-tems des parties harmoniquement distribuées, l'oreille (en les distinguant toutes) reçoit l'impression de ces voix réunies, comme elle recevrait l'impression d'une seule voix. Dans ce mêlange de sons affiliés par l'harmonie, la mélodie se montre claire et distincte : elle est le resultat de tout ce que l'oreille entend. Si les sons secondaires adjoints au chant ne sont pas ceux que prescrit l'harmonie, dès-lors l'unité est détruite, le chant disparaît; il ne reste plus qu'un désordre et une confusion inintelligibles.

Il est impossible de concevoir un chant qui ne comporte pas une basse et des parties harmoniques : de même, il est impossible de concevoir une suite d'accords agréable à l'oreille, de laquelle on ne puisse pas tirer des chants mélodieux. Ainsi l'harmonie existe implicitement dans la mélodie, la mélodie existe implicitement dans l'harmonie. On ne peut dire laquelle des deux engendre l'autre, elles s'engendre réciproquement, et dans le sens implicite, elles ne peuvent subsister l'une sans l'autre.

Ce serait une expérience curieuse pour un Européen transporté parmi les Sauvages, de leur faire entendre, avec les embellissemens de l'harmonie, les airs qu'ils ont coutume de chanter à l'unisson. Quel serait l'effet de cette première impression? Serait-elle importune ou agréable? L'instinct musical de ces hommes grossiers leur ferait-il d'abord démêler à travers toutes les parties, celle du chant, en lui subordonnant celles qui l'accompagnent? Ces questions ne peuvent être éclaircies que par l'expérience. La solution que l'on pourrait en obtenir, apprendrait jusqu'à quel point le sentiment de l'harmonie est naturel à l'homme, jusqu'à quel point la sensation qu'il en reçoit est factice, réfléchie et combinée.

L'harmonie paraît dériver immédiatement de la nature du son, puisque tout son retentissant produit ses harmoniques. Une cloche frappée fait entendre, avec le son principal, sa tierce et sa quinte. Le son par sa nature n'existe donc jamais seul; il naît avec les sons affiliés qui l'accompagnent

Jouez d'un instrument dans une chambre où il y en a vingt autres, les cordes de tous ces instrumens s'ébranlent et frémissent, toutes les fois que celui sur lequel on joue fait entendre des sons qui leur sont analogues. Mais pour tous autres sons, ces cordes restent muettes et insensibles; elles n'éprouvent aucun frémissement.

On ne peut toucher deux cordes à la fois sur le même instrument, sans qu'il en résulte la résonnance sourde d'un troisième son plus grave que les deux autres, et qui se mêle avec eux, comme pour déclarer qu'il leur appartient, et qu'on ne peut l'en séparer.

Telles sont les expériences principales qui nous révèlent la sympathie des sons et leur co-existence nécessaires : expériences qui servent de bases aux vantes spéculations des Théoriciens. Nous nous contenterons ici d'observer que le troisième son produit par le retentissement de deux autres, loin d'être une basse toujours vraie, ne peut, dans une infinité de cas, s'associer aux deux sons qui le produisent. La raison en est que ces deux sons, suivant le tour de la mélodie, appartiennent à un mode ou à un autre, et souvent le mode constitué rejette le son donné par la résonnance.

Les résonnances du corps sonore peuvent être regardées comme les premiers élémens de la Théorie des Accords, et comme le berceau de l'harmonie. Non que ce soit à cette expérience que nous soyons redevables de l'Art d'écrire la Musique à plusieurs parties. Cet Art avait pris naissance long-tems avant que le phénomène des raisonnances eût été observé; et les découvertes de l'instinct en ce tems comme en tout autre, devancèrentcelles de la Science.

Autant on a lieu d'être étonné que les Anciens n'aient pas connu l'harmonie, autant on pourrait l'être que les Modernes aient étendu si loin la Théorie des accords. Comment les premiers, avertis, par le sentiment de l'oreille, de la sympathie de quelques sons, n'ont-ils pas tenté de les allier dans leurs chants? Comment les seconds ont-ils osé associer des sons que la dissonnance semble rendre incompatibles?

L'effet de quelques dissonnances est tellement âpres et rude, qu'il met, pour ainsi dire, en souffrance l'instrument qui les produit. Touchez un accord de *seconde* sur le violon, vous sentez frémir avec violence les parois de l'instrument, comme si elles voulaient se disjoindre. A cet accord, faites succéder la consonnance, ce frémissement raboteux n'a plus lieu, et l'instrument participe à l'état de calme, de quiétude où l'oreille se trouve.

Tout notre systême d'harmonie cependant se compose également et de consonnances, et de dissonnances. Les Législateurs en harmonie ont, il est vrai, capitulé avec l'oreille pour lui faire admettre les accords dissonnans.

La règle de les préparer et de les sauver, consiste à faire entendre d'abord l'une des notes dont l'accord se compose, ensuite à en approcher le son ennemi auquel cette note craint de se joindre, et enfin à le faire disparaître, afin qu'un son plus ami lui succède. C'est à ces conditions que l'oreille s'accommode de la dissonnance, qu'elle en supporte la contrariété passagère, afin de se reposer après plus agréablement sur des sons mieux assortis. C'est ainsi que, dans la vie, de courtes épreuves varient l'uniformité du bonheur, et en rendent le sentiment plus doux.

Les personnes peu versées dans la Musique, peuvent imaginer que chaque son ayant ses harmoniques, l'Art de la *composition* ne consiste qu'à les joindre au son principal, et à les faire toujours parler avec lui. Mais cette

cette méthode produirait de la confusion, l'Art en prescrit une différente. Souvent pour répondre à vingt ou trente notes que la mélodie fait jouer et badiner ensemble, l'harmonie n'établit qu'une seule note de basse : non que les vingt notes du dessus appartiennent au son grave de la basse, et soient comprises dans ses harmoniques; mais la mélodie trompe l'oreille, lui donne le change, et les lui fait prendre pour des dérivés de ce son grave.

La mélodie est donc souveraine de la Musique, même considérée du côté de l'harmonie. C'est elle qui arrange les matériaux que l'harmonie lui fournit. C'est elle qui fait chanter les parties secondaires, chacune conformément au rang qu'elle occupe dans l'ensemble : c'est elle encore qui fait à son gré passer le chant principal de la voix aux instrumens, et de tel instrument à tel autre. Or, dans ces transmigrations, comment suivre le chant sans l'instinct prompt d'une oreille exercée?

Il n'y a pas de raison (même au Théâtre) pour que la voix humaine chante toujours la partie principale, c'est-à-dire, la plus intéressante. Si l'on allègue que l'Acteur présent sur la Scène, et conduisant l'action, attire sur lui la plus grande attention du Spectateur ; je répondrai que l'Orchestre n'est pas moins présent que l'Acteur, qu'il n'est pas uni à l'action moins intimement ; j'ajouterai que l'Orchestre fait parler cent voix, puissantes par leur diversité, puissantes par leur réunion, et que l'Acteur n'en fait parler qu'une, infiniment bornée dans ses moyen d'exécution.

C'est donc avec raison que l'on a justifié, ou plutôt loué le Monologue de Renaud dans le second Acte d'Armide. Le chant principal est dans la symphonie, et c'est à l'Orchestre qu'il convenait d'exprimer ces paroles : *Ce Fleuve coule lentement*, etc.

Ceci nous conduit à une observation naturelle. Si la Musique était essentiellement un Art d'imitation, le chant, les accompagnemens, tout devrait unanimement concourir à imiter. Cependant nous voyons dans les Airs les plus pathétiques, dans les *adagio* les plus touchans, l'accompagnement s'écarter de l'imitation et se jouer mélodieusement autour du sujet dans les morceaux où l'accompagnement s'efforce de peindre des effets, la partie supérieure s'affranchit de cette fonction imitatrice, et se réduit simplement à chanter.

On cherche depuis long-tems un

principe universel d'harmonie, d'après lequel on puisse admettre ou rejeter telle ou telle suite d'accords. Je doute que ce principe jamais se découvre. Le plus simple et le plus général qu'on puisse donner aux Étudians, est de lier les accords qui se succèdent, par une ou plusieurs notes qui leur soient communes. Ce principe souffre des exceptions ; car il n'est point d'harmonie plus douce et plus suave qu'une suite de sixtes en descendant. Or, ces accords successiffs ne sont liés entre eux par aucune note qui se conserve de l'un à l'autre. Au défaut du principe que l'on cherche, voici celui que je propose. Toute harmonie dont il résulte une mélodie facile et naturelle, est bonne et selon les règles : celle qui n'engendre que des chants pénibles et difficiles, ne mérite pas qu'on l'admette. Réservez-là tout au plus pour ces préludes,

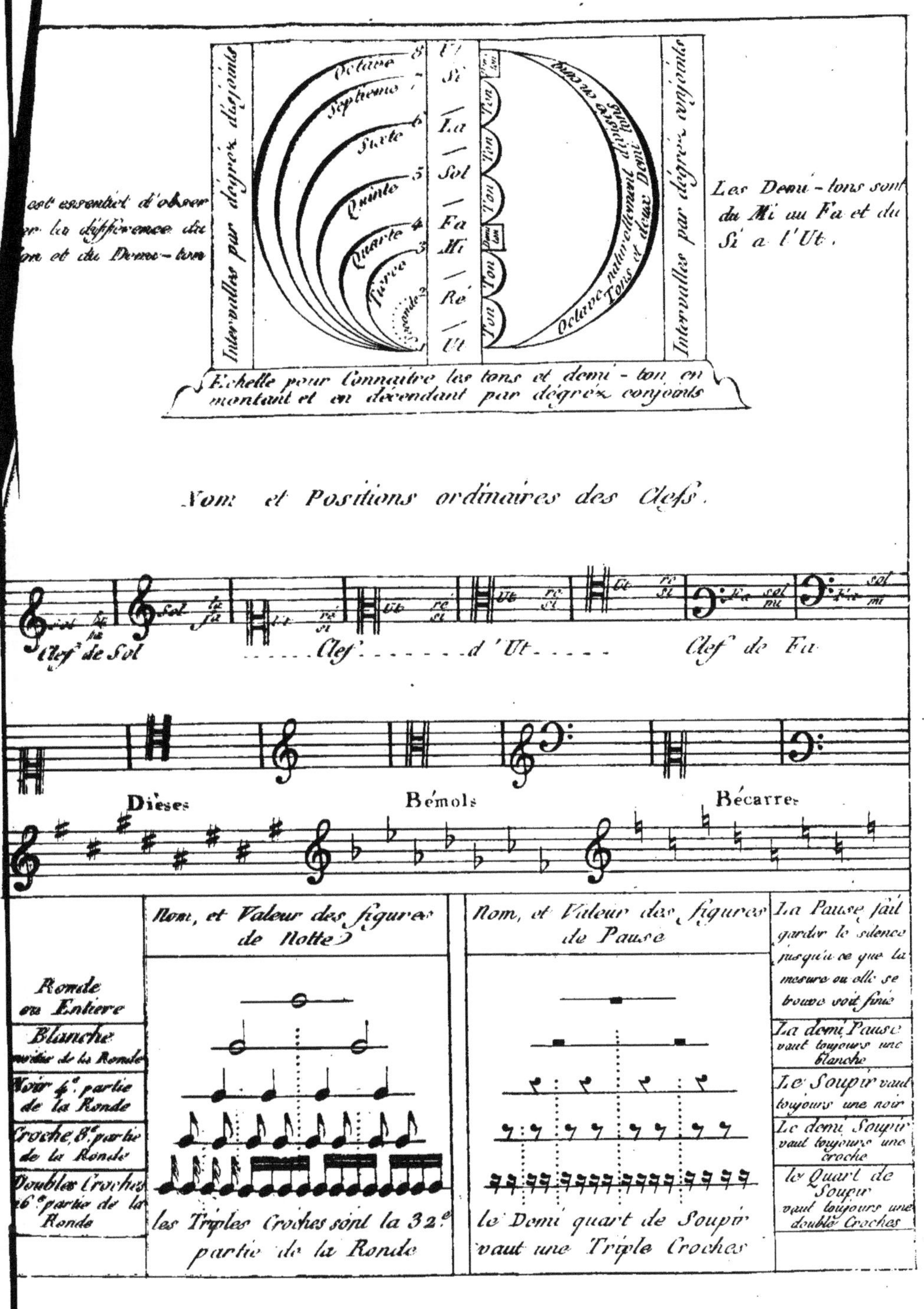
Intervalles par dégrez disjoints
Octave 8
Septieme 7
Sixte 6
Quinte 5
Quarte 4
Tierce 3
Seconde 2
1
Ut
Si
La
Sol
Fa
Mi
Ré
Ut
Ton
Demi ton
Octave naturellement divisée en cinq Tons et deux Demi tons
Intervalles par dégrez conjoints
Il est essentiel d'observer la différence du ton et du Demi-ton
Les Demi-tons sont du Mi au Fa et du Si a l'Ut.
Echelle pour Connaitre les tons et demi-ton en montant et en décendant par dégrez conjoints
Nom et Positions ordinaires des Clefs.
Clef de Sol
Clef d'Ut
Clef de Fa
Dieses
Bémols
Bécarre
Nom, et Valeur des figures de Notte
Nom, et Valeur des figures de Pause
Ronde ou Entiere
Blanche moitie de la Ronde
Noir 4e partie de la Ronde
Croche, 8e partie de la Ronde
Doubles Croches 16e partie de la Ronde
les Triples Croches sont la 32e partie de la Ronde
le Demi quart de Soupir vaut une Triple Croches
La Pause fait garder le silence jusqu'à ce que la mesure ou elle se trouve soit finie
La demi Pause vaut toujours une blanche
Le Soupir vaut toujours une noir
Le demi Soupir vaut toujours une croche
le Quart de Soupir vaut toujours une double Croches

2e
CLAVIER.
Etendue générale de toutes les Voix
Pour les Violons et les Flutes
Basse Taille
Taille
Dessus
Haute Contre
Basse
Bas Dessus
Etendue générale de tous les Instruments
prem. Etage
2e Etage
3e Etage
4e Etage
Etendue générale de toutes les Voix et de tous les Instruments reduite sur les lignes selon l'ordre, ou degré de hauteur de chaque Clef.
Basse
Basse Taille
Taille
Haute Contre
Bas Dessus
Dessus
Ut
premier Etage ou Octave
2e Etage
Taille de Violons
3e Etage
Violons Hautbois et Flutes
4e Etage
Fa

où l'Exécutant fait briller son savoir encore plus que son goût : que dans ces combinaisons savantes, l'harmonie se montre, si l'on veut, âpre, hérissée : fuyant les routes communes, qu'elle s'ouvre un chemin à travers les ronces et les broussailles ; mais cette marche détournée ne sera jamais comptée pour un des procédés naturels de l harmonie : c'en est plutôt l'écart licencieux et le savant délire. L'harmonie est tributaire et sujette à la mélodie ; elle ne doit rien oser que de l'aveu de celle qui lui commande. Que cette vérité soit la première et la derniere de toutes celles que nous devons établir.

FIN.

On trouve chez le même Libraire :

LES TROIS HOMMES ILLUSTRES, ou dissertations sur les institutions politiques de César-Auguste, de Charlemagne, et de Napoléon Bonaparte, etc. Un volume in-12, prix : 2 fr. 50 cent. et 3 fr. franc de port.

LOGE CENTRALE DES VÉRITABLE FRANC-MAÇONS, ou lettre d'un philosophe du Nord à madame la princesse de N... Un volume in-12, prix : 2 fr. 50 cent., et 3 fr. franc de port.

LE SAVANT DE SOCIÉTÉ, Ouvrage dédié à la jeunesse, première partie, contenant la description exacte de tous les jeux innocens qui se pratiquent en société; suivi des pénitences qui s'y ordonnent, avec la manière la plus agréable de les jouer et de les remplir.

Seconde partie, contenant une nouvelle méthode d'écrire les lettres secrètes et mystérieuses, avec l'Ave Maria, déjà avantageusement connu à ce sujet et un chiffre en musique, quelques récréations nouvelles; des calculs sympatiques et magiques ; et la manière de composer les anagrammes, rebus, acrostiches, charades, calembourgs, etc., etc. 2 volumes in-12, avec plusieurs jolies gravures, prix: 3 fr. et 4 fr. franc de port.

Le procès de l'amour, Mascarade en vers, dédié aux dames, et faisant suite au Savant de Société, brochure in-8°. avec jolie gravure enluminée, prix : un fr. 25 cent.

Mémorial des principe de l'écriture, par demandes et par réponses, par Goulet de St-. Morien, prix : 75 centimes.

Paris et ses modes, ou les soirées parisiennes, un volume in-12 avec figure, prix: 1 fr. 50 cent. et 2 fr. franc de port.

La vie et les opinions d'un bijou, 2 volumes in-18. prix : 2 fr. et 2 50 cent. franc de port.

www.ingramcontent.com/pod-product-compliance
Ingram Content Group UK Ltd.
Pitfield, Milton Keynes, MK11 3LW, UK
UKHW020605180726
13838UKWH00001B/440

9 782329 336626